SOPA DE POLLO PARA EL ALMA DE LA MUJER

Título original en inglés: *Chicken Soup for the Woman's Soul*
Stories to Open the Hearts and Rekindle the Spirits of Women

Revisión: Leandro Wolfson
Composición: Elisabeth Marchal

Publicado por Backlist, LLC,
una unidad de Chicken Soup for the Soul Publishing, LLC.
www.chickensoup.com

Rediseño de la portada: Lawna Patterson Oldfield
Publicado originalmente en 1996 por Health Communications, Inc.
Nuevo rediseño del lomo y de la cubierta: Pneuma Books, LLC

Distribuido por Simon & Schuster. SAN: 200-2442

Publisher's Cataloging-In-Publication Data
(Prepared by The Donohue Group, Inc.)

[Chicken soup for the woman's soul. Spanish]
Sopa de pollo para el alma de la mujer : relatos que conmueven el corazón
y ponen fuego en el espíritu de las mujeres / [compiled by] Jack Canfield,
Mark Victor Hansen, Jennifer Read Hawthorne, Marci Shimoff.

pages ; cm

Translation of: Chicken soup for the woman's soul.
Originally published: Deerfield Beach, Florida : Health Communications,
Inc., c1997.
ISBN: 978-1-62361-128-6

1. Women—Conduct of life—Anecdotes. 2. Women—Conduct of life—
Literary collections. 3. Anecdotes. I. Canfield, Jack, 1944- II. Hansen, Mark
Victory. III. Hawthorne, Jennifer Read. IV. Shimoff, Marci. V. Title.

BJ1610 .C52218 2014
158/.1/02   2014913841

PRINTED IN THE UNITED STATES OF AMERICA
on acid∞free paper
25 24 23   11 12 13

serie, ya que en mis numerosas horas de vuelo he llegado a depender muchísimo de estos libros!"

Daisy Fuentes
Actriz, modelo, representante

"Estos relatos nos recuerdan qué implica verdaderamente ser una mujer, joven o no, en el complejo mundo actual... y cuánto valen el coraje personal, la autoestima y el hecho de contar con mentores que nos inspiren para que podamos concretar nuestros sueños. Cualquier mujer que trabaje debería hacerse unos minutos al día para leer estas historias. La renovarán, la vigorizarán y aportarán el necesario equilibrio a su jornada."

Leslie Smith
Directora ejecutiva de la Asociación Nacional para la
Fundación de Mujeres Ejecutivas

"Este plato de *Sopa de Pollo para el Alma de la Mujer* tiene la virtud de modificar la tan común frialdad del corazón humano."

Margareta Arvidsson Cederroth
Ex Miss Universo

"Esta hermosa colección de relatos proclama la riqueza de la trama de experiencias que teje la vida de una mujer. Son historias refrescantes y esclarecedoras. Nos ayudan a tener mayor conciencia de nosotras mismas y a ver con más lucidez las cosas simples que dan sentido a nuestra vida."

Ellen Green
Profesora de estudios clásicos, Universidad de Oklahoma

"La lectura de *Sopa de Pollo para el Alma de la Mujer* nos invita a reconectarnos con lo mejor de nuestra vida: la fe, la esperanza, la caridad y el amor. Sírvanme dos platos, por favor: ¡uno para mí y el otro para una amiga!"

Susan B. Wilson
Autora de *Tu corazón inteligente: notas para mujeres que trabajan*
y de *Fijarse metas*

"¡Qué manjar! Tómense un respiro a fin de leer algunos de los relatos incluidos en *Sopa de Pollo para el Alma de la Mujer*, y tendrán una jornada más llena de amor y alegría."

Gladys Knight
Cantante y animadora

"¡Por fin una *Sopa de Pollo* para mujeres! Tocó todos mis resortes emocionales: reí, lloré, me sentí inspirada. ¡Gracias por haber llegado a mi alma femenina!"

Olivia Newton-John
Animadora

"*Sopa de Pollo para el Alma de la Mujer* es una fabulosa recopilación de relatos inspiradores. ¡Qué magnífica manera de conectarse con las demás mujeres! ¡Sin duda alguna, este libro abrirá tu corazón y reanimará tu espíritu!"

Anne W. Richards
Ex gobernadora del estado de Texas

"Como mujeres, estamos habituadas a entregar a otros nuestro corazón y nuestra alma. *Sopa de Pollo para el Alma de la Mujer* nos restituirá el amor, la alegría y la inspiración que hemos volcado en los demás, y nos ayudará a celebrar nuestro mágico espíritu femenino."

Barbara DeAngelis
Autora de *Momentos reales*

"Una no se encuentra muy a menudo con un libro que la entretenga, la eleve y la conmueva hasta las lágrimas. *Sopa de Pollo para el Alma de la Mujer* es uno de esos libros. Lo recomiendo calurosamente."

Susan Jeffers
Autora de *Siente temor pero hazlo igual* y de
Deja de luchar y danza con la vida

"Esta edición especial de la serie de *Sopa de Pollo*, dedicada a mujer, me conmovió particularmente. ¡Por favor, sigan con la

SOPA DE POLLO PARA EL ALMA DE LA MUJER

Relatos que conmueven el corazón y ponen fuego en el espíritu de las mujeres

Jack Canfield
Mark Victor Hansen
Jennifer Read Hawthorne
Marci Shimoff

Backlist, LLC, a unit of
Chicken Soup for the Soul Publishing, LLC
Cos Cob, CT
www.chickensoup.com

Índice

3. SUPERANDO OBSTÁCULOS

4. SOBRE EL MATRIMONIO

5. SOBRE LA MATERNIDAD

6. MOMENTOS ESPECIALES

7. VIVE TU SUEÑO

8. ENVEJECER

9. SABIDURÍA SUPERIOR

10. A TRAVÉS DE LAS GENERACIONES

Introducción

Este libro ha sido un regalo para nosotros. Desde el momento en que fue concebido, hemos sentido el amor, la alegría y el indomable espíritu de las mujeres a cada paso del camino. Esperamos que también sea un regalo para los lectores.

Durante muchos años, los cuatro compiladores de este volumen hemos dictado conferencias —a menudo para un público femenino— acerca de cómo vivir más plena y felizmente. Nos hemos sentido inspirados, e incluso a veces abrumados, por la avidez con que las mujeres desean compartir su corazón, sus relatos y enseñanzas. De esta inspiración nació *Sopa de Pollo para el Alma de la Mujer*.

Durante el período de preparación de este libro presenciamos milagros día tras día. Sentimos como si una mano invisible guiara nuestros pasos.

Durante más de un año buscamos, por ejemplo, a Phyllis Volkens, autora de "Un beso de buenas noches" (pág. 29), a fin de solicitarle autorización para reproducir su relato. Ubicamos finalmente a un primo lejano, quien nos informó que Phyllis y su esposo se habían mudado a Iowa, ¡donde vivían a poca distancia de Jennifer y Marci! Más extraordinaria aún fue la respuesta de Stanley, el esposo de Phyllis, cuando nos pusimos en contacto con él. Nos dijo cuánto se alegraba de que los hubiéramos encontrado. Habían sido entusiastas lectores de los libros anteriores de *Sopa de Pollo para el Alma* durante años, pero a Phyllis sólo le quedaba una semana de vida. No podía esperar para contarle que formaría parte de nuestro libro; luego nos comentó cuánto había significado esta noticia para ella. Falleció dos días después.

Las mujeres que enviaron sus relatos nos manifestaron en repetidas ocasiones cuán agradecidas estaban por haberles dado la oportunidad de escribirlas. Dijeron que incluso si sus contribuciones no se incluían en nuestro libro, se sentían dichosas felices sólo por haberlas escrito. Al hacerlo se sintieron más purificadas y renovadas.

Debido a este libro, también nosotros hemos experimentado un cambio. Ahora comprendemos con mayor claridad qué es importante de verdad en la vida, apreciamos más profundamente la experiencia humana, y vivimos cada momento con más plenitud.

Las mujeres traen bellas ofrendas al mundo a través de su sinceridad, compasión y sabiduría. Nuestro más profundo deseo es que, cada vez que alguien lea estos relatos, extraiga de ellos una mayor estima por sí mismo y por los demás, como nos sucedió a todos nosotros.

Lo dijo muy bellamente Mary Michalia, una de las mujeres que nos escribió:

> *Todas las mujeres pasan en su vida por épocas en las que son objeto de muchas exigencias: familia, trabajo, esposo, ex-esposo, hijos, hijastros, padres.*
>
> *Es importante, incluso necesario, tomar distancia y evaluar de nuevo las propias prioridades. Pues sólo si alimentamos a nuestra alma podemos alimentar a otro y cuidar de él. En ocasiones, debemos decir: "¡Detente! ¡Escúchame! Tengo algo que contarte".*

Así pues, ofrecemos *Sopa de Pollo para el Alma de la Mujer* directamente de nuestros corazones al de los lectores. Deseamos que quien lea este libro experimente los milagros del amor y de la inspiración. Deseamos que llegue a su corazón y conmueva a su espíritu.

Jack Canfield, Mark Victor Hansen,
Jennifer Read Hawthorne y Marci Shimoff

1

SOBRE EL AMOR

*Las mejores cosas y las más bellas del mundo
no pueden ser vistas, ni siquiera tocadas.
Deben sentirse con el corazón.*

Helen Keller

La gardenia blanca

Todos los años, desde que tuve doce, alguien me enviaba anónimamente una gardenia blanca a casa en el día de mi cumpleaños. Nunca venía acompañada de una tarjeta o nota, y las llamadas a la florería resultaban inútiles porque la adquisición siempre era en efectivo. Después de un tiempo, renuncié a tratar de descubrir la identidad del desconocido. Sólo me deleitaba con la belleza y el fuerte perfume de aquella flor mágica, blanca y perfecta, anidada en los pliegues de un suave papel de seda rosado.

Pero nunca dejé de imaginar quién podría ser el remitente. Pasaba algunos de mis momentos más felices soñando despierta con alguien maravilloso y emocionante, pero demasiado tímido o excéntrico como para revelar su identidad. Durante mi adolescencia, me divertía especulando con que podría ser un muchacho del que estaba enamorada, o incluso alguien a quien no conocía y que se había fijado en mí.

Mi madre a menudo participaba en esas especulaciones. Me preguntaba si había alguien con quien hubiera tenido una bondad especial, que me quisiera manifestar anónimamente su gratitud. Me recordaba las ocasiones en que yo paseaba en mi bicicleta y la vecina llegaba con el auto lleno de comestibles y de niños: siempre la ayudaba a descargar las cosas y me aseguraba de que los niños no corrieran hacia la calle. O, quizás, el misterioso remitente era el anciano que vivía al otro lado de la calle, ya que a menudo solía llevarle su correo para que no tuviera que aventurarse a bajar los escalones cubiertos de hielo.

Mi madre se esforzaba por estimular mi imaginación a propósito de la gardenia. Deseaba que sus hijos fuesen creativos. Y también que nos sintiéramos apreciados y amados, no sólo por ella, sino por todo el mundo.

Cuando tuve diecisiete años, un muchacho rompió mi corazón. La noche en que me llamó por última vez, me dormí llorando. A la mañana siguiente, había un mensaje sobre el espejo, borroneado con lápiz de labios rojo: "Debes saber que cuando los semidioses parten, llegan los dioses". Pensé en esta cita de Emerson durante largo tiempo, y la dejé en el sitio donde la había escrito mi madre hasta que mi corazón sanó. Cuando finalmente limpié el espejo, mi madre supo que todo estaba bien otra vez.

Pero había heridas que ella no podía sanar. Un mes antes de terminar la escuela secundaria, mi padre murió súbitamente de un infarto. Mis sentimientos oscilaban entre el dolor y la carencia, el temor, la desconfianza y una inmensa ira porque mi padre estaría ausente en algunos de los acontecimientos más importantes de mi vida. Perdí todo interés en la graduación que se aproximaba, en la obra de teatro de los estudiantes de último año y en la fiesta de despedida, acontecimientos todos ellos en los que había trabajado y que esperaba con ilusión. Incluso consideré la posibilidad de quedarme en casa en lugar de ir a la universidad en otra ciudad, porque allí me sentía más segura.

Mi madre, en medio de su propia pena, no quería oír hablar de que me dejaría todas estas cosas. El día antes de la muerte de mi padre, ella y yo fuimos a comprar un vestido para la fiesta, y encontramos el más espectacular: metros y metros de velo suizo en rojo, azul y blanco. Usarlo me hacía sentir como Scarlett O´Hara. Pero no era de mi talle y, al morir mi padre al día siguiente, me olvidé de él.

Mi madre no lo olvidó. La víspera de la fiesta de graduación, encontré el vestido —del talle correcto— esperándome sobre el sofá de la sala, majestuosamente envuelto y presentado de una manera artística y amorosa. Quizás a mí no me interesara tener un vestido nuevo, pero a mi madre sí.

Le importaba cómo nos sentíamos acerca de nosotros mismos. Nos infundió un sentido mágico del mundo y nos dio la capacidad de apreciar la belleza incluso ante la adversidad.

Deseaba que sus hijos fueran como la gardenia: bellos, fuertes, perfectos, con un aura de magia y quizás algo de misterio.

Mi madre murió cuando yo tenía veintidós años, sólo diez días después de mi boda. Aquel año dejaron de llegar las gardenias.

Marsha Arons

Palabras del corazón

*Las lágrimas más amargas derramadas sobre
las tumbas son por las palabras que no se
dijeron y las obras que no se realizaron.*

Harriet Beecher Stowe

La mayoría de la gente necesita escuchar aquellas "tres palabritas" de la canción. En ocasiones, las escuchan justo a tiempo.

Conocí a Connie cuando la internaron en el hospital donde yo trabajaba como voluntaria. Su esposo, Bill, andaba nervioso de un lado a otro mientras ella era trasladada de la camilla a la cama. Aun cuando Connie se encontraba en las últimas etapas de su lucha contra el cáncer, se la veía vivaz y alegre. Procedimos a instalarla. Escribí su nombre en todo el material suministrado por el hospital, y luego le pregunté si necesitaba algo.

—Oh, sí —dijo—. ¿Podría mostrarme cómo se usa el televisor? Me agradan mucho las telenovelas y no deseo perderme nada de lo que pasa.

Connie era una romántica. Le fascinaban las novelas románticas y las películas de amor. Cuando nos conocimos mejor, me confió cuán frustrante era haber estado casada durante treinta y dos años con un hombre que a menudo se refería a ella como "una tonta".

—Sé que Bill me ama —me manifestó una vez—, pero nunca me lo dice ni me envía tarjetas—. Suspiró y miró por la ventana los árboles del patio. —Daría cualquier cosa porque me dijera "Te amo", pero eso sencillamente no está en su manera de ser.

Bill visitaba a Connie todos los días. Al comienzo se sentaba al lado de la cama mientras ella veía las telenovelas. Luego, cuando empezó a dormir más, se paseaba de arriba abajo por el pasillo, afuera de la habitación. Poco después, cuando Connie ya no miraba televisión y permanecía poco tiempo despierta, comencé a pasar más tiempo con Bill.

Me contó que había trabajado como carpintero y que le agradaba ir de pesca. Él y Connie no tenían hijos, pero habían disfrutado de su retiro viajando, hasta que Connie se enfermó. Bill no podía expresar lo que sentía acerca de la muerte inminente de su esposa.

Un día, mientras tomábamos un café, lo llevé al tema de las mujeres y de cómo necesitamos tener romance en nuestra vida; cómo nos agrada recibir tarjetas sentimentales y cartas de amor.

—¿Usted le dice a Connie que la ama? —le pregunté, conociendo la respuesta. Me miró como si estuviera loca.

—No es necesario —respondió—. ¡Ella *sabe* que la amo!

—Estoy segura de que lo sabe —le confirmé inclinándome y tocando sus manos toscas de carpintero, que se aferraban a la taza como si fuese lo único a lo que podía asirse—, pero ella necesita *escucharlo*, Bill. Necesita escuchar qué ha significado para usted durante todos estos años. Por favor, piénselo.

Regresamos a la habitación. Bill entró y yo me marché a

visitar a otro paciente. Más tarde, vi a Bill sentado al lado de la cama, sosteniendo la mano de Connie mientras ella dormía. Era el 12 de febrero.

Dos días después, al recorrer el pasillo del hospital al mediodía, vi a Bill reclinado contra la pared, mirando fijamente el suelo. Ya me había enterado por la enfermera de que Connie había muerto a las once de la mañana. Cuando Bill me vio, permitió que le diera un largo abrazo. Su rostro estaba húmedo por las lágrimas y temblaba. Por último, se apoyó contra la pared y suspiró profundamente.

—Tengo algo que comentarle —musitó—. Tengo que comentarle lo bien que me sentí de habérselo dicho. —Se interrumpió para sonarse. —Pensé mucho acerca de lo que hablamos y esta mañana le dije cuánto la amaba... y cuán feliz me sentía de ser su esposo. ¡Si hubiera visto su sonrisa!

Entré a la habitación para despedirme de Connie. Sobre la mesita de luz había una enorme tarjeta de amor enviada por Bill. De aquellas tarjetas sentimentales donde se lee: "A mi maravillosa esposa... Te amo".

Bobbie Lippman

Regalos del corazón

El amor que damos es el único que conservamos.

Elbert Hubbard

En este agitado mundo en que vivimos, es mucho más sencillo cargar algo a una tarjeta de crédito que dar regalos del corazón. Y los regalos del corazón son especialmente necesarios durante las festividades.

Pocos años atrás comencé a preparar a mis hijos para que supieran que la celebración de la Navidad sería aquel año bastante modesta. "Seguro, mamá, ¡ya hemos escuchado eso antes!", me dijeron. Había perdido mi credibilidad: les había anunciado lo mismo el año anterior, porque estaba en proceso de divorciarme, pero luego había salido y gastado todo el dinero disponible en mis tarjetas de crédito. Incluso descubrí algunas técnicas financieras creativas para pagar sus regalos. Este año sería decididamente diferente, pero ellos no me creían.

Una semana antes de Navidad, me pregunté: *¿Qué tengo para hacer de esta Navidad algo especial?* En todas las casas en las que habíamos vivido antes del divorcio, siempre había encontrado tiempo para decorarlas. Había aprendido a pegar papel de colgadura, a instalar pisos de madera o cerámica, a reformar sábanas para hacer cortinas, y mucho más. Pero en esta casa alquilada tenía poco tiempo para decorar, y mucho menos dinero. Por lo demás, me enfadaba este lugar desagradable, con sus alfombras rojas y naranjas y las paredes verdes y turquesas. Me rehusaba a invertir dinero en ella. Dentro de mí, una voz interior de orgullo herido exclamaba: *¡No permaneceremos aquí mucho tiempo!*

La casa no parecía molestarle a nadie más, con excepción de mi hija Lisa, quien siempre había tratado de hacer de su habitación un lugar especial.

Era el momento de expresar mi talento. Llamé a mi ex marido y le pedí que comprara un cobertor específico para Lisa. Yo le compré las sábanas que hacían juego.

La víspera de Navidad, gasté quince dólares en pintura. También compré la papelería más linda que había visto en mi vida. Mi objetivo era sencillo: pintaría y cosería hasta la mañana de Navidad, a fin de no tener tiempo para sentir compasión por mí misma en una fiesta familiar tan especial.

Aquella noche les entregué a cada uno de mis hijos tres de las tarjetas que había comprado, con sus respectivos sobres. En la parte de arriba de cada una escribí: "Lo que me encanta de mi hermana Mia", "Lo que me encanta de mi hermano Kris", "Lo que me encanta de mi hermana Lisa" y "Lo que me encanta de mi hermano Erik". Los niños tenían dieciséis, catorce, diez y ocho años, y me dio cierto trabajo persuadirlos de que al menos podrían encontrar en sus hermanos *una* cosa que les agradara. Mientras escribían en privado, fui a mi habitación y envolví los pocos regalos que les había comprado.

Cuando regresé a la cocina, habían terminado de escribir sus cartas. Cada nombre estaba escrito en el sobre.

Intercambiamos abrazos y besos de buenas noches, y se apresuraron a irse a la cama. Lisa obtuvo un permiso especial para dormir en la mía, si prometía no mirar los regalos hasta la mañana siguiente.

Entonces comencé. A la madrugada de la mañana de Navidad terminé de coser las cortinas y de pintar las paredes, y me detuve a admirar mi obra de arte. ¿Por qué no decorar las paredes —pensé— con arco iris y nubes que concordaran con las sábanas? Saqué entonces los pinceles y esponjas de mi maquillaje, y cerca de las cinco estaba todo listo. Demasiado exhausta para pensar que éramos un "hogar quebrado" por falta de dinero, como dicen las estadísticas, me dirigí a mi habitación y encontré a Lisa totalmente extendida en la cama. Decidí que no podía dormir con sus brazos y piernas sobre mí, así que la levanté con cuidado y la llevé a su habitación. Cuando colocaba su cabeza en la almohada, me preguntó:

—Mamita, ¿ya es de día?.

—No, cariño, cierra los ojos hasta que venga Papá Noel.

Aquella mañana me desperté con un alegre susurro en mi oído: "Mami, ¡es precioso!".

Más tarde, cuando todos se levantaron, nos sentamos alrededor del árbol para abrir esos pocos regalos. Después, cada niño recibió sus sobres. Leímos las tarjetas con ojos llorosos y narices enrojecidas. Llegamos a las notas dedicadas al "bebé de la familia", Erik, quien no esperaba escuchar nada agradable. Su hermano mayor le había escrito: "Lo que me encanta de Erik es que no le teme a nada". Mia puso: "Lo que me encanta de mi hermano Erik es que sabe mantener una conversación con cualquiera". Lisa había escrito: "Lo que me encanta de Erik es que puede trepar a los árboles más alto que nadie".

Sentí que me tiraban de la manga, y luego la pequeña mano de Erik alrededor de mi oreja, para susurrarme en secreto: "Oye, mamá, ¡ni siquiera sabía que les gustaba!".

En los peores momentos, la creatividad y el ingenio nos han hecho pasar los instantes más felices. Ya me he recuperado financieramente y hemos tenido "grandes" Navidades, con muchísimos regalos debajo del árbol... pero cuando nos preguntan cuál fue nuestra Navidad preferida, siempre recordamos aquélla.

Sheryl Nicholson

La otra mujer

Después de veintiún años de matrimonio, descubrí una nueva manera de mantener viva la chispa del amor y de la intimidad en mi relación con mi esposa.

Desde hace poco, había comenzado a salir con otra mujer. En realidad, había sido idea de mi esposa.

—Tú sabes que la amas —me dijo un día, tomándome por sorpresa—. La vida es demasiado corta. Debes dedicar tiempo a la gente que amas.

—Pero yo te amo a ti —protesté.

—Lo sé. Pero también la amas a ella. Es probable que no me creas, pero pienso que si ustedes dos pasan más tiempo juntos, esto nos unirá más a nosotros.

Como de costumbre, Peggy estaba en lo cierto.

La otra mujer, a quien mi esposa quería que yo visitara, era mi madre.

Mi madre es una viuda de 71 años, que ha vivido sola desde que mi padre murió hace diecinueve años. Poco después de su muerte, me mudé a California, a 3.700 kilómetros de distancia, donde comencé mi propia familia y mi carrera. Cuando de nuevo me mudé cerca del pueblo donde nací, hace cinco años, me prometí que pasaría más tiempo con ella. Pero las exigencias de mi trabajo y mis tres hijos hacían que sólo la viera en las reuniones familiares y durante las fiestas.

Se mostró sorprendida y suspicaz cuando la llamé para sugerirle que saliéramos a cenar y al cine.

—¿Qué te ocurre? ¿Vas a volver a mudarte con mis nietos? —me preguntó. Mi madre es el tipo de mujer que, cuando cualquier cosa se sale de lo común —una llamada tarde en la noche, o una invitación sorpresiva de su hijo mayor— piensa que es indicio de malas noticias.

—Creí que sería agradable pasar algún tiempo contigo —le respondí—. Los dos solos.

Reflexionó sobre ello un momento.

—Me agradaría —dijo—. Me agradaría muchísimo.

Mientras conducía hacia su casa el viernes después del trabajo, me encontraba algo nervioso. Era el nerviosismo que antecede a una cita ... y ¡por Dios! lo único que estaba haciendo era salir con mi madre.

¿De qué hablaríamos? ¿Y si no le gustaba el restaurante que yo había elegido? ¿O la película? ¿Y si no le gustaba ninguno de los dos?

Cuando llegué a su casa, advertí que ella también estaba muy emocionada con nuestra cita. Me esperaba en la puerta, con su abrigo puesto. Se había rizado el cabello. Sonreía.

—Les dije a mis amigas que iba a salir con mi hijo, y se mostraron muy impresionadas —me comentó mientras subía a mi auto—. No pueden esperar a mañana para escuchar acerca de nuestra velada.

No fuimos a un sitio elegante, sino a un restaurante del vecindario donde pudiéramos hablar. Cuando llegamos, se aferró a mi brazo —en parte por afecto, en parte para ayudarse con los escalones para entrar—.

Cuando nos sentamos, tuve que leerle el menú. Sus ojos

sólo ven grandes figuras y grandes sombras. Cuando iba por la mitad de las entradas, levanté la vista. Mamá estaba sentada al otro lado de la mesa, y me miraba. Una sonrisa nostálgica se le delineaba en los labios.

—Era yo quien leía el menú cuando eras pequeño —me dijo.

De inmediato comprendí qué quería decir. Nuestra relación cerraba el círculo: antes era ella la que me cuidaba a mí y ahora era yo quien cuidaba de ella.

—Entonces es hora de que te relajes y me permitas devolver el favor —le respondí.

Durante la cena tuvimos una agradable conversación. Nada extraordinario, sólo ponernos al día con la vida del otro. Hablamos tanto que nos perdimos el cine.

—Saldré contigo otra vez, pero sólo si me dejas invitar —dijo mi madre cuando la llevé a casa. Asentí.

—¿Cómo estuvo tu cita? —quiso saber mi esposa cuando llegué aquella noche.

—Muy agradable... mucho más de lo que imaginé —contesté.

Sonrió con su sonrisa de ya-te-lo-dije.

Desde entonces, veo a mamá con regularidad. No salimos todas las semanas, pero tratamos de vernos al menos un par de veces al mes. Siempre cenamos y en algunas ocasiones también vamos al cine. La mayoría de las veces, sin embargo, sólo hablamos. Le cuento acerca de mis problemas cotidianos en el trabajo. Me ufano de mis hijos y de mi esposa. Ella me cuenta los chismes de la familia, con los que al parecer nunca estoy al día.

También me habla de su pasado. Ahora sé lo que significó para ella trabajar en una fábrica durante la Segunda Guerra Mundial. Sé cómo conoció allí a mi padre y cómo alimentaron un noviazgo de tranvía en aquellos tiempos difíciles. A medida que escucho estas historias, me doy cuenta de la importancia que tienen para mí. Son mi propia historia. Nunca me canso de oírlas.

Pero no sólo hablamos del pasado. También hablamos del futuro. Debido a sus problemas de salud, mi madre se preocupa por el porvenir.

—Tengo tanto por vivir —me dijo una noche—. Necesito estar presente mientras crecen mis nietos. No quiero perderme nada.

Como muchos de los amigos de mi generación, tiendo siempre a correr y lleno mi agenda hasta el tope mientras lucho por hacerles lugar en mi agitada vida a mi carrera, mi familia y mis relaciones. A menudo me quejo de la rapidez con que pasa el tiempo. Dedicar algunas horas a mi madre me ha enseñado la importancia de tomar las cosas con calma. Por fin comprendí el sentido de una expresión que he escuchado un millón de veces: "tiempo de calidad".

Peggy estaba en lo cierto. Sin duda, salir con otra mujer ha ayudado a mi matrimonio. Ha hecho de mí un mejor esposo, un mejor padre y, espero, un mejor hijo.

Gracias, mamá. Te amo.

David Farrell

El toque de Ramona

Sucedió pocas semanas después de la cirugía. Al terminar mi primer tratamiento de quimioterapia, fui al consultorio del doctor Belt para hacerme un control.

Mi cicatriz era aún muy nueva. Mi brazo todavía no había recuperado la sensibilidad. Ese conjunto de sensaciones extrañas era como tener una nueva compañera para compartir el apartamento de dos habitaciones que antes había conocido como mis senos, y a los que me refería ahora amorosamente como "el seno y el pecho".

Como de costumbre, me condujeron al laboratorio de análisis clínicos para tomar una muestra de sangre, proceso aterrorizador para mí, pues las agujas me producen pánico.

Me acosté sobre la camilla. Llevaba una camisa grande de franela y una camiseta debajo. Era una vestimenta que había pensado con detenimiento, esperando que los demás la consideraran una elección casual. Los pliegues camuflaban mi nuevo pecho, la camiseta lo protegía y los botones permitían un fácil acceso al médico.

En ese momento Ramona entró en la habitación. Su cálida y brillante sonrisa me resultaba familiar, y contrastaba con mis temores. La había visto por primera vez en el consultorio, algunas semanas atrás. No había sido mi enfermera aquel día, pero la recordaba porque se estaba riendo. Reía de un modo profundo, pleno y rico. Recuerdo haberme preguntado qué podría causar tanta hilaridad detrás de aquella puerta. ¿De qué podría reírse en un momento como ése? Pensé que no se tomaba las cosas con la suficiente seriedad, y decidí que intentaría hallar una enfermera que sí lo hiciera. Pero estaba equivocada.

Esta vez fue diferente. Ramona me había tomado antes muestras de sangre. Conocía mi temor por las agujas, y amablemente escondió todos sus instrumentos debajo de una revista que tenía una fotografía azul brillante de una cocina en remodelación. Cuando abrimos la blusa y dejamos caer la camiseta, el catéter de mi seno quedó expuesto y podía verse la cicatriz del pecho. Me preguntó:

—¿Cómo está sanando la cicatriz?.

—Creo que bastante bien —respondí—. Todos los días la lavo alrededor, muy suavemente.

Se me cruzó por delante el recuerdo del agua golpeando mi pecho insensible.

Se inclinó con gentileza y pasó su mano por la cicatriz, examinando la tersura de la piel que sanaba mientras buscaba alguna irregularidad. Comencé a llorar dulce y silenciosamente. Me miró con sus ojos cálidos y me dijo:

—Todavía no la ha tocado, ¿verdad?

—No —respondí.

Entonces esa maravillosa mujer puso la palma de su mano color marrón dorado sobre mi pálido pecho, y la mantuvo allí con suavidad. Continué llorando en silencio largo tiempo. Con un tono dulce me dijo:

—Esto forma parte de su cuerpo. Es usted. Puede tocarla.

Pero yo no podía. Ella lo hizo por mí. Palpó la cicatriz, la herida que sanaba. Y debajo de ella, tocó mi corazón.

Luego Ramona me dijo:

—Le sostendré la mano mientras usted la toca.

Puso su mano junto a la mía y ambas permanecimos en silencio. Ése fue el regalo que Ramona me hizo.

Aquella noche, cuando me fui a la cama, puse la mano sobre el pecho con suavidad y la dejé allí hasta que me dormí. Sabía que no estaba sola. Estábamos todos juntos en la cama, metafóricamente hablando: mi seno, mi pecho, el regalo de Ramona y yo.

Betty Aboussie Ellis

Las velas eléctricas

Una vez al mes, los sábados por la mañana, hago un turno en el hospital local para entregar las velas de la sabatina a las mujeres judías que están registradas allí como pacientes. Prender velas es la manera tradicional que tienen las mujeres judías de recibir la sabatina, pero los reglamentos del hospital no permiten que los pacientes enciendan velas verdaderas, de modo que les ofrecemos lo que más se aproxima: velas eléctricas que pueden conectarse al comienzo del sabbath, el viernes a la caída del sol. La sabatina termina el sábado a la noche. El domingo a la mañana recupero las velas y las guardo hasta el viernes siguiente, cuando llega otra voluntaria a distribuirlas entre los pacientes de esa semana. A veces encuentro pacientes de la semana anterior.

Un viernes a la mañana, cuando hacía mi ronda, me encontré con una mujer muy anciana, quizá de noventa años. Su cabello corto, blanco como la nieve, lucía suave y esponjoso como algodón. Su piel era amarilla y arrugada, como si sus huesos se hubieran encogido súbitamente dejando a la piel que los rodeaba sin apoyo y sin un lugar adonde ir; ahora colgaba de sus brazos y rostro, en suaves pliegues. Parecía muy pequeña en la cama, con el cobertor subido hasta el cuello debajo de los brazos. Sus manos, que descansaban sobre él, estaban retorcidas y ajadas; eran las manos de la experiencia. Pero sus ojos eran claros y azules, y me saludó con un tono de voz sorprendentemente fuerte. Por la lista que el hospital me había dado, sabía que su nombre era Sarah Cohen.

Me dijo que había estado esperándome, que nunca dejaba de prender las velas en su casa y que las conectaría al lado de la cama, donde pudiera tenerlas a mano. Era evidente que estaba familiarizada con la rutina.

Lo hice como ella quería y le deseé un buen sabbath. Cuando me volví para salir, me dijo:

—Espero que mis nietos lleguen a tiempo para despedirse de mí.

Creo que mi rostro debió registrar la conmoción que sentí ante la sencilla afirmación de que sabía que se estaba muriendo, pero le toqué la mano y le dije que esperaba que así fuera.

Cuando salí de la habitación, casi tropiezo con una joven que parecía tener alrededor de veinte años. Llevaba una falda larga, de estilo campesino, y el cabello cubierto. Escuché decir a la señora Cohen:

—¡Malka! Me alegro de que hayas podido venir. ¿Dónde está David?

Me vi obligada a continuar con mis rondas, pero una parte de mí no cesaba de preguntarse si David también habría llegado a tiempo. Es difícil para mí entregar las velas y marcharme, sabiendo que algunos de estos pacientes están muy enfermos, que algunos probablemente morirán, y que son el ser querido de alguien. Supongo que, de cierta manera, cada una de estas señoras me recuerda a mi madre cuando estaba muriéndose en el hospital. Quizá por eso soy voluntaria.

Durante toda la sabatina, el recuerdo de la señora Cohen y de sus nietos irrumpía en mi mente. El domingo a la mañana regresé al hospital para recuperar las velas. Cuando me aproximaba a la habitación de la señora Cohen, vi a su nieta sentada en el suelo, fuera de la habitación. Cuando me vio venir levantó la cabeza.

—Por favor —me pidió—, ¿podría dejar las velas unas cuantas horas más?

Su pregunta me sorprendió, así que comenzó a explicarme. Me dijo que la señora Cohen les había enseñado a ella y a su hermano David todo lo que sabían acerca de la religión. Sus padres se habían divorciado cuando eran muy jóvenes y ambos trabajaban hasta tarde en la noche. Malka y su hermano pasaban casi todos los fines de semana con su abuela.

—Ella hacía el sabbath para nosotros —continuó Malka—. Cocinaba, limpiaba, horneaba, y la casa entera lucía y olía de una manera especial, que ni siquiera puedo describir. Entrar a su casa era como entrar a otro mundo. Mi hermano y yo encontrábamos allí algo que, para nosotros, no existía en ningún otro lugar. No sé cómo hacerle entender lo que este día significaba para nosotros... para todos nosotros, la abuela, David y yo... Era como una tregua maravillosa en el resto de nuestra vida, e hizo que David y yo regresáramos a nuestra religión. David vive ahora en Israel. No pudo conseguir un vuelo de regreso antes de hoy. Llegará cerca de las seis de la tarde. Si, por favor, pudiera dejarme las velas hasta entonces, tendré el mayor gusto en guardarlas después.

Yo no entendía qué relación había entre las velas y la llegada de David. Malka me lo explicó.

— ¿No lo ve? Para mi abuela, el sábado era nuestro día de felicidad. No hubiera deseado morir este día. Si logramos hacerle creer que todavía es sábado, quizá pueda resistir hasta que llegue David. Sólo para que pueda despedirse de ella.

Por nada del mundo hubiera tocado esas velas en aquel momento, y le dije a Malka que regresaría más tarde. No podía agregar nada, así que sólo oprimí su mano con cariño.

Hay momentos, acontecimientos, que pueden unir a personas totalmente extrañas entre sí. Aquél fue uno de ellos.

Durante el resto del día me ocupé de mis asuntos, pero no podía dejar de pensar en el drama que se desarrollaba en el hospital. Aquella anciana estaba usando toda la fuerza que le quedaba en esa cama de hospital.

Y no hacía ese esfuerzo supremo por ella misma. Ya me había manifestado claramente, con su actitud, que no le temía a la muerte. Parecía saber y aceptar que había llegado su hora y, de hecho, estaba preparada para partir.

Para mí, Sarah Cohen personificó un tipo de fortaleza cuya existencia desconocía y un tipo de amor cuyo poder ignoraba. Estaba dispuesta a concentrar todo su ser en mantenerse con vida mientras durara el sabbath. No deseaba que sus seres queridos asociaran la belleza y alegría de este día con la tristeza de su muerte. Quizá también deseaba que sus nietos tuvieran el sentido del final de la vida, al poder despedirse de la persona que había afectado tan profundamente las de ellos.

Cuando regresé al hospital el domingo a la noche, me puse a llorar incluso antes de llegar a la habitación. Me asomé. La cama estaba vacía y las velas apagadas. Luego escuché una voz detrás de mí que decía suavemente:

—Lo logró.

Miré el rostro sin lágrimas de Malka.

—David llegó esta tarde. Ahora está diciendo sus oraciones. Pudo despedirse de ella y también trajo buenas noticias: él y su esposa esperan un bebé. Si es una niña, se llamará Sarah.

No sé por qué, la noticia no me sorprendió.

Envolví el cable alrededor de la base de las velas. Aún estaban calientes.

Marsha Arons

Más que una beca

Los grandes pensamientos sólo le hablan a la mente meditativa, pero las grandes acciones le hablan a toda la humanidad.

Emily P. Bissell

Es posible que ustedes hayan oído hablar de Osceola McCarty. Es una mujer de 88 años, nativa de Mississippi, que trabajó durante más de setenta y cinco años como lavandera. Un día, después de que se retiró, fue al banco y descubrió, para su gran sorpresa, que sus pequeños ahorros mensuales se habían multiplicado y ascendían a más de ciento cincuenta mil dólares. Luego, para gran sorpresa de todos, donó ciento cincuenta mil dólares —casi la totalidad de sus ahorros— a la Universidad del Sur de Mississippi, para crear un fondo de becas destinadas a estudiantes afronorteamericanos con necesidades financieras. Salió en la primera página de los diarios a nivel nacional.

Lo que ustedes no saben es cómo ha afectado mi vida la donación de Osceola. Tengo diecinueve años y fui la primera beneficiaria de la Beca Osceola McCarty.

Soy una estudiante aplicada y tenía todas mis esperanzas

cifradas en ir a esa universidad, pero no pude solicitar una beca porque me faltó un punto en los exámenes de admisión. Obtenerla era la única manera de ingresar.

Un domingo leí en el diario acerca de Osceola McCarty y su generosa donación. Mostré a mi madre el artículo y ambas coincidimos en que era una obra maravillosa.

Al día siguiente me dirigí a la oficina de ayuda financiera de la Universidad, y me informaron que todavía no había dinero disponible para mi beca, pero que si surgía algo me lo harían saber. Pocos días después, cuando me apresuraba para que mi madre me llevara en auto a mi trabajo, sonó el teléfono. Me detuve para responder y, mientras mamá hacía sonar la bocina, me dijeron que había sido seleccionada para recibir la primera Beca Osceola McCarty. ¡Estaba feliz! Corrí tan rápido como pude para decírselo a mamá. Ella llamó a la oficina de nuevo para asegurarse de que era verdad.

Conocí a Osceola en una conferencia de prensa, y fue como encontrar una familia. Osceola nunca se casó ni tuvo hijos así que desde entonces mi familia se ha convertido en la suya. Mi abuela y ella conversan a menudo por teléfono y van de compras, y Osceola nos acompaña en los acontecimientos familiares.

Una vez hablábamos de helados. Descubrimos que Osceola no tenía mucha experiencia con los helados, así que subimos todos al auto, nos dirigimos a la heladería más cercana y ¡le pedimos su primera copa de helado con banana! Ahora le agradan muchísimo los helados.

Osceola trabajó duro toda su vida —desde el amanecer hasta la caída del sol— lavando ropa a mano. Yo solía conducir cerca de su casa todos los días, camino a la escuela. Desde luego, en aquella época no sabía que ésa era su casa, pero sí había notado el cuidado del césped y que todo estaba limpio y ordenado. Hace poco le pregunté por qué nunca la había visto en todo ese tiempo, y me respondió: "Supongo que estaba en la parte de atrás de la casa, lavando".

Ahora que se ha retirado, Osceola pasa la mayor parte del día descansando y leyendo la Biblia. ¡Esto, cuando no va a recibir algún premio! Cada vez que la visito, tiene un nuevo premio. Incluso ha estado en la Casa Blanca. Se siente feliz y orgullosa, pero sin ninguna presunción. Tuvimos que persuadirla de que comprara un equipo de video, para que pudiera grabar los programas y verse en la televisión; ella se sonríe de nuestros consejos.

Osceola me concedió mucho más que una beca. Me enseñó el don de dar. Ahora sé que en el mundo hay gente buena que hace buenas obras. Trabajó toda su vida dándose a los demás y, a su vez, me ha inspirado para devolver cuando puedo. Con el tiempo, me propongo contribuir a su fondo de becas.

Deseo dar a Osceola la familia que siempre deseó, y la he adoptado como mi segunda abuela. Incluso me llama su nieta. Y cuando me gradúe, estará sentada entre el público, entre mi madre y mi abuela... en el sitio que le corresponde.

Stephanie Bullock

No puede hacer daño

Actos casuales de bondad.	No pueden hacer daño.
Le dije a mi esposo que lo amaba.	No puede hacer daño.
Puse una nota en el plato de mi hijo para decirle que es muy especial.	No puede hacer daño.
Le abrí la puerta de una tienda a una señora en silla de ruedas.	No puede hacer daño.
Dejé una caja de galletas para el cartero.	No puede hacer daño.
Llamé a mi hermano para decirle que lo extraño.	Él también me extraña.
Envié una carta al alcalde felicitándolo por su trabajo.	No puede hacer daño.
Llevé flores al hogar de ancianos.	No puede hacer daño.

Hice caldo de pollo para
un amigo enfermo.

No puede hacer daño.

Jugué con mi hija imaginando
que estábamos en el país
de los caramelos.

Fue divertido.

Le agradecí a la persona
que empacó mi mercadería.

Sonrió contenta.

Le di a mi asistente el día libre.

El daño que eso causó
fue insignificante.

Jugué con mi perro.
conducir a almorzar y al cine.

Me sentí bien.

Invité a una amiga que no sabe

Me divertí.

Me pagué un masaje.

Fue maravilloso.

Actos casuales de bondad...
¡hmmm! quizá viva así
el año entero.

No puede hacer daño.

Sandy Ezrine

Un beso de buenas noches

Todas las noches, cuando tomaba mi turno de enfermera, caminaba por los pasillos del asilo de ancianos y me detenía en cada puerta para conversar y observar. A menudo, Kate y Chris se encontraban con sus grandes álbumes de fotografías sobre las rodillas, evocando sus recuerdos. Kate me mostraba sus viejas fotos con orgullo: Chris, alto, rubio, bien parecido; Kate bonita, de cabello oscuro, riendo. Dos jóvenes amantes que sonreían con el paso de las estaciones. ¡Qué bien se los veía juntos, mientras la luz de la ventana brillaba sobre sus cabellos blancos y sus rostros arrugados sonreían frente a los recuerdos atrapados y mantenidos para siempre en esos álbumes!

"¡Qué poco saben los jóvenes del amor!", solía pensar yo. Qué tonto creer que tienen el monopolio de tan preciosa mercancía. Los ancianos saben qué significa realmente amar; los jóvenes sólo pueden adivinarlo.

Mientras los miembros del personal cenaban, Kate y Chris pasaban de vez en cuando delante de las puertas del comedor, caminando lentamente, tomados de la mano. La conversación giraba a partir de entonces en torno del amor y la devoción de la pareja, y se especulaba acerca de qué sucedería si uno de ellos muriera. Todos sabíamos que Chris era el fuerte y que Kate dependía de él.

"¿Cómo funcionaría Kate si a Chris le tocara morir primero?", nos preguntábamos con frecuencia.

El momento de ir a la cama estaba precedido por un ritual. Cuando yo llegaba con los medicamentos para la noche, Kate se encontraba en su silla, con su camisa de dormir y sus pantuflas, esperándome. Bajo la mirada vigilante de Chris y de la mía, Kate tomaba su pastilla. Luego Chris, con gran cuidado, la conducía de la silla a la cama y acomodaba el cobertor alrededor de su cuerpo frágil.

Al observar este acto de amor, por milésima vez me preguntaba: Dios mío, ¿por qué los hogares de ancianos no tienen camas dobles para las parejas casadas? Durante toda su vida habían dormido juntos, pero en el asilo se supone que dormirán en camas separadas. De repente se los despoja del consuelo de toda una vida.

"Qué medidas tontas", pensaba mientras observaba cómo Chris se estiraba para apagar la luz colocada encima de la cama de Kate. Luego se inclinaba con ternura y se besaban dulcemente. Chris le daba unos golpecitos en la mejilla y ambos sonreían. Levantaba la baranda de la cama de Kate, y sólo entonces aceptaba sus propios medicamentos. Cuando yo salía al pasillo, le escuchaba decir a Chris: "Buenas noches, Kate", y ésta le respondía: "Buenas noches, Chris", de un lado al otro de la habitación que separaba sus dos camas.

No fui al asilo por dos días. Cuando regresé, la primera noticia que recibí al entrar fue:

—Chris murió ayer a la mañana.

—¿Qué pasó?

—Un infarto masivo. Sucedió muy rápido.

—¿Cómo está Kate?.

—Mal.

Entré a la habitación de Kate. Estaba sentada en su silla, inmóvil, con las manos en el regazo, mirando fijamente. Tomé sus manos entre las mías y le dije:

—Kate, soy Phyllis.

Sus ojos no se movieron; continuaban fijos. Puse mi mano bajo su barbilla y volví su cabeza con suavidad, para que se viera obligada a mirarme.

—Kate, acabo de saber lo de Chris. Lo siento.

Al escuchar la palabra "Chris", sus ojos regresaron a la vida. Me miró fijamente, perpleja, como si se preguntara cómo es que yo había aparecido de súbito.

—Kate, soy yo, Phyllis —repetí—. Siento mucho lo de Chris.

El reconocimiento y el recuerdo anegaron su rostro. Las lágrimas desbordaron sus ojos y corrieron por sus ajadas mejillas.

—Chris ya no está —susurró.

—Lo sé —dije—, lo sé.

Mimamos a Kate durante un tiempo. Le permitíamos comer en su cuarto, la rodeábamos de atenciones especiales. Luego, poco a poco, el personal la habituó de nuevo a su antigua rutina. A menudo, cuando pasaba por su habitación, la veía sentada en su silla, con el álbum en el regazo, mirando con tristeza las fotografías de Chris.

El momento de irse a la cama era la peor parte del día. Incluso cuando se aprobó su petición de trasladarse a la cama de Chris, y aun cuando todos conversaban y reían con ella mientras la acomodaban para la noche, Kate permanecía en silencio, tristemente retraída. Cuando pasaba por su habitación una hora después, la encontraba despierta, mirando el techo.

Las semanas transcurrían y el ritual de la hora de acostarse no mejoraba. Kate parece tan intranquila, tan insegura. "¿Por qué?", me preguntaba yo. "¿Por qué en este momento del día más que en los otros?"

Una noche, al entrar a su habitación, de nuevo la encontré completamente despierta. Llevada por un impulso le dije:

—Kate, ¿es posible que te haga falta tu beso de las buenas noches?

Me incliné y besé su arrugada mejilla.

Fue como si hubiera abierto una compuerta. Le corrieron las lágrimas; sus manos asieron con fuerza las mías.

—Chris siempre me daba un beso de buenas noches —me dijo sollozando.

—Lo sé —susurré.

—¡Lo extraño tanto! Todos estos años me dio un beso de buenas noches. —Se interrumpió mientras yo le secaba las lágrimas. —No puedo dormirme sin su beso.

Levantó los ojos hacia mí, llenos de gratitud.

—Gracias por darme un beso —manifestó. Una pequeña sonrisa se insinuó en las comisuras de sus labios. —¿Sabes? —agregó en tono confidencial—. Chris solía cantarme una canción.

—¿De veras?

—Sí —asintió con su cabeza blanca—. Y de noche permanezco despierta y pienso en ella.

—¿Cómo era?

Sonrió, tomó mi mano y se aclaró la voz, debilitada por los años pero aún melodiosa. Entonó:

Entonces bésame, dulce amor, y separémonos.
Y cuando esté demasiado viejo para soñar,
Este beso vivirá en mi corazón. *

Phyllis Volkens
Enviado por Jane Hanna

---

* *"When I Grow Too Old to Dream"*, letra de Oscar Hammerstein II, música de Sigmund

Romberg. Derechos reservados por Robbins Music Corp.

NOTA DEL EDITOR: La autora de este relato murió dos días después de haberla localizado para pedir su autorización a fin de incluirlo (véase la Introducción). Su esposo, Stanley, nos dijo cuánto había significado para Phyllis que hubiera sido elegido a fin de integrar *Sopa de Pollo para el Alma*. Nos sentimos honrados de publicar "Un beso de buenas noches" en memoria de Phyllis.

Regalos

En mis manos tengo un ejemplar encuadernado de *Clásicos de la Ciencia Ficción*, de Julio Verne, con el sobre del correo roto a mis pies. "Para Matt, con amor, de su abuelo Loren, San Francisco". Me pregunto: "¿Por qué mi padre de 75 años le envía a mi hijo de nueve un libro de 511 páginas?" Lo inapropiado del regalo me irrita; pienso que fue comprado de prisa, sin prestar atención. Pero quizá sea injusto de mi parte esperar que papá sepa qué le agradaría a un niño de nueve años. Luego recordé lo sucedido cuando visitamos San Francisco, la primavera pasada. Papá tomó a Matt de la mano, persiguió un tranvía, y saltó adentro con él. Al bajar desenterró una moneda de la calle y le dijo:

—Matt, ¡mira! Cuando se pone una moneda en el riel, el tranvía casi la corta en dos!

Todavía los recuerdo allí, con las cabezas inclinadas en mutua admiración.

Menos irritada, miro por la ventana a Hondo, dormido en el muelle. Ha estado con nosotros desde que tenía ocho semanas. Pelos grises cubren la maraña de su pelo negro y brillante, y los párpados de sus ojos color café caen un poco. Sus grandes patas de labrador se abren al caminar, y también están salpicadas de canas. Pienso en la barba de mi padre y cómo he visto ampliarse los parches grises hasta cubrirla por completo.

Pecas está al lado de Hondo, con su pelambre de perro pastor agitado por la brisa. Gran parte de sus manchas de cachorro se han desvanecido. Pienso en el último verano.

Catorce años representan una vida completa para un perro. La luna de Hondo ha comenzado a declinar, debilitándose más con cada ocaso. Ha llegado el momento de tener otro perro, pero fue con remordimiento que trajimos a Pecas a la finca. Cuando salió del camión, con sus patas temblorosas de cachorro, Hondo se portó como todo un caballero. La olfateó y ella se agachó. Chilló y él la lamió. Batieron sus colas y nació una amistad.

Cerca del establo, Pecas observaba a Hondo, su amable profesor, sentado con paciencia mientras ensillábamos los caballos. Ella también se quedó sentada. Los gatos se restregaban contra las patas de Hondo, y Pecas aprendió a no perseguirlos. Cabalgamos para ver a las novillas mientras Hondo trotaba fielmente detrás. Pecas aprendió que no estaba bien molestar a las vacas o a los venados. Pecas adelgazó y un nuevo ritmo animó los pasos de Hondo. Parecía joven de nuevo. Comenzamos a tirarle palos para que los recogiese, hasta que sus mandíbulas ya no pudieron sostenerlos. A Pecas nunca le gustó este juego, pero de todas maneras lo alentaba. Le fue concedida una breve tregua, sus fuerzas se renovaron.

Un día caluroso de verano, tras andar demasiados kilómetros tras el rastro del ganado, el esfuerzo se cobró su cuota. Hondo se desplomó en el corral. Lo animamos y acariciamos suavemente, y esto lo hizo recobrarse. Pecas y Matt lo miraban mientras luchaba por ponerse de pie y se sacudía el polvo de la pelambre. Hondo bebió con avidez del balde que estaba al lado de la casa, antes de subir al porche y ocupar su puesto al lado de la puerta. Cuando de nuevo ensillamos y cabalgamos hacia la pradera, lo encerramos en el camión de los caballos. Se asomaba por los postigos de madera, herido en sus sentimientos más allá de lo que uno podía comprender.

—Todo está bien, viejo —le dije—, regresaremos.

Pero ya estaba sordo y no podía escucharme. Después continuamos llevándolo en nuestras cabalgatas. Su luna declinará a pesar de cuanto lo protejamos.

Puse el pesado libro de Verne sobre la mesa, y recogí el papel que lo envolvía. Oí que se acercaba un auto por el camino de gramilla de la entrada. Pecas escucha el auto y se levanta con las orejas erguidas hacia adelante. Hondo duerme. Pecas suelta un ladrido rápido y agudo, diferente de la ronca advertencia que ha cuidado nuestro hogar durante catorce años. No es el ruido del auto lo que finalmente despierta a Hondo, sino el agudo ladrido, que penetra su creciente sordera, y levanta la cabeza para mirar a su alrededor. Ve que Pecas está de turno, alerta y bien dispuesta. Con un profundo suspiro de resignación, inclina la cabeza entre sus patas y cierra los ojos.

Quiero salir y tomar la suave cabeza de Hondo entre mis manos, mirar sus ojos color café y hablarle con dulzura, para que en su corazón sienta aquellas cosas que ya no puede escuchar de mis labios. Quiero que se aferre a mi mundo un tiempo más.

En lugar de hacer esto, tomo el libro y leo la dedicatoria. "Para Matt, con amor, de su abuelo Loren". De repente, el regalo cobra sentido. Catorce años separan a Hondo de Pecas. Sesenta y cinco años y mil quinientos kilómetros separan a mi padre de su nieto. Sólo le quedan unos pocos años para hacer regalos. Él también cuenta cada una de las caídas del sol, y mira cómo declina su luna. El tiempo no le permite el lujo de enviar únicamente los regalos apropiados.

Si dentro de diez años Matt abre el libro, dispuesto a sumergirse durante 20.000 leguas en un viaje submarino, serán las palabras de su abuelo las que le deseen una buena travesía.

Pongo suavemente el pesado volumen sobre la mesa, abro la puerta y salgo al porche. El pelo de Hondo brilla al sol. Él siente la vibración de mis pisadas y comienza a mover la cola lentamente, hacia adelante y hacia atrás.

Page Lambert

1.716 cartas

El 15 de noviembre de 1942 di el "sí" con entusiasmo a mi espectacular novio, quien lucía con orgullo su formal y elegante uniforme del ejército de los Estados Unidos. Sólo ocho breves meses después, fue llamado para servir en la Segunda Guerra Mundial y enviado a un destino desconocido en el Pacífico por un período indeterminado.

Cuando mi joven esposo partió, hicimos la promesa de escribirnos cada día que estuviésemos separados. Decidimos numerar cada una de las cartas que enviáramos para saber si se perdían. Descubrimos que en muchas ocasiones había poco que decir, con excepción de "te amo". Pero en todas las cartas incluíamos estas palabras.

Mi esposo era odontólogo del ejército y la guerra lo obligó a ir al frente. Sin embargo, así estuviese en el fragor de la batalla en las Aleutas, Okinawa o las Filipinas, siempre encontraba tiempo para escribirme todos los días. En ciertas oportunidades hacía algo más que escribirme. Cuando disponía de algunos momentos fabricaba joyas para mí con los materiales del lugar que estaban a su alcance.

Durante uno de los momentos de tregua en el combate

librado en las Filipinas, grabó un bello cortapapeles de caoba con mi nombre, *Louise,* en un lado del mango y, *Filipinas 1944* en el otro. Me dijo que el cortapapeles me ayudaría a abrir las cartas que me enviaba cada día. Más de cincuenta años después, el cortapapeles todavía está en mi escritorio y lo uso diariamente para abrir el correo, aun cuando ninguna de las cartas que ahora recibo es tan importante como las que recibía de él mientras duró la guerra.

Había días y semanas enteras durante los cuales no recibía ninguna carta. Esto, desde luego, me hacía temer por su bienestar —muchos de los hombres de su regimiento ya habían muerto en combate—. Sin embargo, el servicio de correo inevitablemente se ponía al día y recibía un sin-número de cartas a la vez. Me ocupaba de ordenarlas por número para leerlas en orden cronológico y saborear cada una de ellas. Por desgracia, las cartas pasaban por la censura del Ejército y tenía que imaginar qué decía debajo de las líneas tachadas con negro.

En una de las cartas, cuando mi esposo se encontraba en Hawai, me pidió que le enviara mis medidas para mandar a hacer un pijama para mí a los famosos sastres chinos que habitaban en la isla. Le respondí con estas cifras: 35-24-36 (eran los viejos buenos tiempos). Mi esposo recibió la carta, pero las medidas habían sido tachadas por la censura del Ejército, creyendo que yo intentaba comunicarme con él a través de un código secreto. De cualquier manera, el pijama resultó adecuado.

En noviembre de 1945 la guerra terminó y mi esposo fue enviado finalmente a casa. No nos habíamos visto desde su partida, más de dos años y cuatro meses atrás. En todo ese tiempo sólo hablamos una vez por teléfono. Pero como habíamos mantenido fielmente la promesa de escribirnos todos los días, cada uno escribió al otro 858 cartas: un total de 1.716 cartas que nos permitieron a ambos sobrellevar la guerra.

Cuando regresó, el mercado de bienes raíces de San Francisco estaba tremendamente difícil, pero tuvimos la suerte de conseguir un diminuto apartamento. En ese pequeño espacio apenas había lugar para los dos, así que, con gran pena, nos vimos obligados a deshacernos de todas nuestras cartas. Desde que la guerra terminó, por fortuna sólo hemos estado separados a lo sumo uno o dos días, así que no hemos tenido ocasión de escribirnos de nuevo.

Pero a lo largo de estos años, él ha continuado manifestándome a mí, a mis hijos y a mis nietos la devoción y el amor que entonces me mostró. Hace poco celebramos cincuenta y tres años de un feliz matrimonio y, aun cuando las cartas de aquellos primeros años han desaparecido, el amor contenido en ellas permanecerá grabado en nuestros corazones para siempre.

Louise Shimoff

El ingrediente secreto de Marta

Cada vez que Ben pasaba por la cocina, se irritaba. Era por aquel pequeño envase de metal que se encontraba en la repisa, encima de la estufa de Marta. Es probable que no lo hubiera irritado o que ni siquiera hubiera notado su presencia si Marta no le hubiese dicho en repetidas ocasiones que nunca debía tocarlo. La razón, decía, es que contenía una "hierba secreta" de su madre, y como no había manera de reponerla, se preocupaba si Ben u otra persona lo levantaba y miraba en su interior, porque podrían dejarlo caer accidentalmente y esparcir su valioso contenido.

En realidad, el envase no tenía nada de especial. Por su antigüedad, gran parte de sus colores originales, rojo y oro, se habían desvanecido. Podía saberse por dónde lo habían asido una y otra vez cuando lo levantaban y retiraban su apretada tapa.

No sólo los dedos de Marta lo habían asido así, sino los de su madre y los de su abuela. Marta no estaba segura, pero quizás incluso su bisabuela había usado el mismo envase y su "hierba secreta".

Lo único que Ben sabía a ciencia cierta era que, poco después de la boda con Marta, su madre le había traído el envase y le había dicho que usara su contenido tan amorosamente como ella lo había utilizado.

Y lo hizo, fielmente. Ben nunca vio que Marta cocinara un plato sin tomar el envase de la repisa y espolvorear un poquitín de "hierba secreta" sobre los ingredientes. Incluso cuando horneaba tortas y galletas, veía que les añadía una pizca de esa hierba antes de introducirlas en el horno.

Cualquiera que fuese su contenido, era seguro que surtía efecto, pues Ben creía que Marta era la mejor cocinera del mundo. Y no era el único en opinar así: todos los que alguna vez comían en su casa, alababan extraordinariamente su arte culinario.

Pero, ¿por qué no permitía que Ben tocara aquel pequeño envase? ¿Sería verdad que temía que su contenido se esparciera? ¿Y cómo era aquella "hierba secreta"? Era tan fina que, cuando Marta la espolvoreaba sobre la comida que estaba preparando, Ben no podía determinar su textura. Era obvio que tenía que utilizar muy poca, pues no tenía cómo llenar de nuevo el envase. De alguna manera, Marta consiguió que durara más que los treinta años que llevaba de matrimonio hasta entonces. Nunca dejó de producir el maravilloso efecto de hacer agua la boca.

Ben sentía cada vez más su tentación de mirar el contenido de aquel envase, así fuese una sola vez, pero nunca llegó a hacerlo.

Un día, Marta enfermó. Ben la llevó al hospital, donde tuvo que permanecer toda la noche. Cuando regresó a casa, se sintió muy solo. Marta nunca había pasado la noche afuera. Cuando se aproximaba la hora de cenar, se preguntó qué haría: a Marta le agradaba tanto cocinar que él nunca se preocupó por aprender a hacerlo.

Cuando entró a la cocina para ver qué había en el refrigerador, el envase de la repisa apareció de inmediato ante sus ojos. Se sintió atraído hacia él como un imán. Apartó de inmediato la vista, pero una mortificante curiosidad lo hizo regresar. ¿Qué había en aquel envase? ¿Por qué no debía tocarlo? ¿Cómo era la "hierba secreta"? ¿Cuánto quedaba?

Ben apartó la vista de nuevo y levantó la tapa de un molde para torta que estaba sobre el mostrador de la cocina. Ahhh... quedaba más de la mitad de una de aquellas tortas deliciosas de Marta. Cortó un buen trozo, se sentó a la mesa de la cocina y no había terminado el primer bocado cuando sus ojos regresaron al envase. ¿Qué mal podría hacer mirando en su interior? ¿Por qué tanto secreto con aquel envase?

Tomó otro bocado mientras se debatía consigo mismo... ¿debía hacerlo o no? Cinco grandes mordiscos después todavía estaba pensando en ello, mientras miraba fijamente el envase. Por último, no pudo resistir.

Atravesó lentamente la cocina y, con el mayor cuidado, tomó el envase de la repisa, temiendo ¡horror de horrores! esparcir el contenido mientras le echaba un vistazo.

Colocó el envase sobre el mesón, y con mucho cuidado levantó la tapa. ¡Casi temía mirar en su interior! Cuando pudo ver bien, sus ojos se abrieron desmesuradamente... el envase estaba vacío, con excepción de un pequeño trozo de papel doblado en el fondo.

Ben trató de alcanzarlo; su mano grande y tosca luchaba por entrar. Lo tomó con cuidado por una esquina, lo retiró y lo abrió lentamente bajo la lámpara de la cocina.

Contenía una pequeña nota garabateada y Ben reconoció de inmediato la escritura de su suegra. Decía sencillamente: "Marta, a todo lo que hagas, añádele una pizca de amor".

Ben tragó saliva, colocó la nota y el envase en su lugar y regresó en silencio a terminar su torta. Ahora sí comprendía por qué era tan deliciosa.

Revista Reminisce
Enviado por Dot Abraham

2

SOBRE LA ACTITUD Y LA AUTOESTIMA

No elegimos cómo o cuándo vamos a morir.
Sólo podemos decidir cómo vamos a vivir.

Joan Baez

Historia en dos ciudades

Un viajero que se aproximaba a una gran ciudad le preguntó a una mujer que se encontraba a la vera del camino:
—¿Cómo es la gente de esta ciudad?
—¿Cómo era la gente del lugar de donde vienes? —le inquirió ella a su vez.
—Terrible —respondió el viajero—. Mezquina. No se puede confiar en ella. Detestable en todos los sentidos.
—¡Ah!, —exclamó la mujer—. Encontrarás lo mismo en la ciudad adonde te diriges.
Apenas había partido el primer viajero cuando otro se detuvo y también preguntó acerca de la gente que habitaba en la ciudad cercana. De nuevo la mujer le preguntó al viajero por la gente de la ciudad de donde provenía.
—Era gente maravillosa; honesta, trabajadora y extremadamente generosa. Lamento haber tenido que partir —declaró el segundo viajero.
La sabia mujer le respondió:
—Lo mismo hallarás en la ciudad adonde te diriges.

The Best of Bits & Pieces

El pirata

No vemos las cosas como son, las vemos como somos.

Anaïs Nin

Un día, la señora Smith se encontraba en la sala de espera de su médico cuando un niño y su madre entraron al consultorio. El niño llamó la atención de la señora Smith porque llevaba un parche sobre un ojo. Se sorprendió al ver qué poco parecía importarle la pérdida de un ojo, y lo observó mientras seguía a su madre hasta la silla más cercana.

Aquel día el consultorio del médico estaba lleno, así que la señora Smith tuvo oportunidad de conversar con la madre del niño mientras él jugaba con sus soldaditos. Al principio él se mantuvo en silencio, maniobrando con los soldaditos sobre el brazo de la silla. Luego se trasladó silenciosamente al piso, lanzándole una mirada a su madre.

En cierto momento la señora Smith tuvo ocasión de preguntarle al niño qué le había sucedido en el ojo. Se detuvo a considerar la pregunta largo rato y luego replicó, levantando el parche:

—No tengo nada en el ojo. ¡Soy un pirata!

Y regresó a su juego.

La señora Smith se encontraba allí porque en un accidente automovilístico había perdido una pierna desde la rodilla. La cita de aquel día con el médico era para determinar si estaba lo suficientemente curada como para acomodar una prótesis. La pérdida había sido devastadora para ella. Aun cuando se esforzaba por ser valiente, se sentía una inválida. Racionalmente sabía que esta pérdida no debía interferir en su vida, pero en lo emocional no podía superar este obstáculo. Su médico le había sugerido practicar visualizaciones, y ella lo había intentado, pero era incapaz de forjar una imagen perdurable y emocionalmente aceptable. Se seguía viendo como una inválida.

La palabra "pirata" cambió su vida. De inmediato se sintió transportada. Se vio vestida como el Corsario Negro, a bordo de un barco pirata. Estaba de pie, con las piernas separadas... y una de ellas era una pata de palo. Tenía las manos bien aferradas a las caderas, la cabeza y los hombros erguidos, y sonreía frente a la tormenta. Los vientos tempestuosos azotaban su casaca y su cabello. Un rocío helado barría la balaustrada de cubierta mientras grandes olas rompían contra el barco. El navío se mecía y gemía bajo la fuerza de la tempestad, pero ella permanecía firme... orgullosa, impertérrita. En aquel momento, esa imagen sustituyó a la de la inválida y le devolvió su coraje. Miró al niño, ocupado con sus soldados.

Pocos minutos más tarde la llamó la enfermera. Mientras se balanceaba en sus muletas, el niño advirtió su amputación.

—Oiga, señora, ¿qué pasó con su pierna? —le preguntó.

La madre del niño se sintió mortificada.

La señora Smith contempló por un momento su pierna más corta. Luego le respondió con una sonrisa:

—Nada. Yo también soy un pirata.

Marjorie Wallé

Entonces... ¿qué cultivas?

No somos ricos por lo que poseemos, sino más bien por aquello de lo que podemos prescindir.

Immanuel Kant

Sandy vive en un apartamento tan pequeño, que cuando regresa del mercado tiene que decidir qué saca para hacerle sitio a lo que compró. Todos los días lucha para conseguir alimento y ropa para ella y su hijita de cuatro años con lo que gana como escritora ocasional y en todo tipo de empleos.

Su ex marido desapareció hace largo tiempo en una autopista desconocida, y es probable que nunca vuelva a oír hablar de él. Una vez sí y otra no, su auto decide tomarse el día libre y se rehusa a moverse. Esto significa ir en bicicleta (si el tiempo lo permite), caminar o pedir a algún amigo que la lleve.

Cosas que la mayoría de la gente considera esenciales para su supervivencia —un televisor, un horno de microondas, un radiograbador portátil, unas buenas zapatillas deportivas— se encuentran para ella al final de la lista de lo que "tal vez, algún día".

Comida nutritiva, ropa abrigada, su pequeño apartamento, el pago del préstamo estudiantil, los libros para su
hija, atención médica estrictamente indispensable y una
ocasional salida al cine absorben el poco dinero de que
dispone.

Sandy ha golpeado a más puertas de las que puede
recordar intentando conseguir un trabajo decente, pero
siempre hay algo que no funciona: tiene poca experiencia
o su experiencia es de otro tipo, o bien el horario volvería
imposible el cuidado de su niña.

La historia de Sandy no es inusual. Muchas madres
divorciadas o viudas y gente mayor se enfrentan a la injusta
estructura económica, y quedan a mitad de camino entre
las personas verdaderamente autosuficientes y aquellas
otras lo bastante empobrecidas como para recibir la ayuda
del Estado.

Lo que torna inusual a Sandy es su perspectiva.

—No tengo muchas cosas, ni comparto el sueño norteamericano —me dijo insinuando una auténtica sonrisa.

—¿Eso te molesta? —le pregunté.

—A veces. Cuando veo a otra niña de la edad de mi hija
que tiene lindos vestidos y juguetes, o que pasa en un
auto elegante o vive en una buena casa, me siento mal.
Todo el mundo quiere lo mejor para sus hijos —respondió.

—Pero... ¿no estás amargada?

—¿Por qué habría de amargarme? No nos morimos de
hambre ni de frío, y tengo todo lo que realmente importa
en la vida —replicó.

—¿Y qué es eso?.

—Tal como yo veo las cosas, no importa cuánto com-
pres ni cuánto ganes, en realidad sólo hay tres cosas que
puedes conservar en la vida —me dijo.

—¿Qué quieres decir con "conservar"?

—Quiero decir que a esas cosas nadie puede quitártelas.

—¿Cuáles son?.

—Una, tus experiencias; la segunda, tus verdaderos amigos; y la tercera, lo que cultivas dentro de ti mismo —me dijo sin vacilar.

Para Sandy, las "experiencias" no son nada monumental. Son los que llamamos momentos comunes, los que pasa con su hija, sus paseos por el bosque, las siestas a la sombra de un árbol, escuchar música, tomar un baño caliente u hornear pan.

Su definición de los amigos es algo más expansiva.

—Los verdaderos amigos son aquellos que nunca abandonan tu corazón, aun cuando se vayan de tu vida por un tiempo. Incluso después de pasar varios años separados, continúas con ellos exactamente donde los dejaste, e incluso cuando se mueren, nunca mueren en tu corazón —me explicó.

En cuanto a lo que cultivamos dentro de nosotros mismos, me dijo:

—Eso depende de cada uno, ¿verdad? Yo no cultivo la amargura ni la pena. Podría cultivarlas si quisiera, pero prefiero no hacerlo.

—Entonces, ¿qué cultivas?

Miró con cariño a su hija y luego me miró de nuevo. Se señaló sus propios ojos, brillantes de ternura, gratitud y reluciente alegría.

—Esto es lo que cultivo.

Philip Chard
Enviado por Laurie Waldron

La abuela Ruby

Por ser la madre de dos niños muy activos, de uno y siete años de edad, en ocasiones me preocupo de que destruyan mi hogar, cuidadosamente decorado. En su inocencia, de vez en cuando al jugar hacen caer mi lámpara predilecta o desordenan mis arreglos tan bien dispuestos. En esos momentos, cuando nada parece sagrado, recuerdo la lección que aprendí de mi sabia suegra, Ruby.

Ruby tiene seis hijos y trece nietos. Es la encarnación de la bondad, la paciencia y el amor.

Una Navidad, todos sus hijos y nietos estaban reunidos como de costumbre en su casa. El mes anterior, Ruby había comprado una preciosa alfombra blanca después de convivir con "la misma vieja alfombra" durante veinticinco años. Por supuesto, estaba encantada con el aspecto que le daba a la casa.

Mi cuñado Arnie acababa de repartir a sus sobrinos y sobrinas la deliciosa miel casera de sus colmenas. Todos estaban entusiasmados. Pero el destino quiso que Sheena, de ocho años, rompiera su pote de miel y ésta se esparciera sobre la nueva alfombra de la abuela y cubriera el piso.

Llorando, Sheena corrió a la cocina y se lanzó en los brazos de la abuela.

—¡Abuelita, se me volcó la miel en tu alfombra nueva! —exclamó consternada.

La abuela Ruby se arrodilló, miró con ternura los ojos llenos de lágrimas de Sheena, y le dijo:

—No te preocupes, cariño, podemos conseguirte otro pote de miel.

Lynn Robertson

¿Problema o solución?

Corría el año 1933. Me habían despedido de mi trabajo de media jornada y ya no podía colaborar con los gastos de la familia. Nuestra única entrada era lo que podía conseguir mamá cosiendo vestidos para los demás.

Mamá cayó enferma durante algunas semanas y le fue imposible trabajar. La compañía eléctrica nos cortó la luz cuando no pudimos pagar la cuenta. Luego la compañía de gas nos cortó el gas. Sucedió lo mismo con el agua corriente, pero el Departamento de Salud los obligó a conectarla de nuevo por razones de higiene. La alacena estaba vacía. Por fortuna, teníamos una pequeña huerta de hortalizas y podíamos cocinarlas haciendo una hoguera en el patio de atrás.

Un día mi hermana menor regresó de la escuela y dijo como al pasar:

—Mañana debemos llevar algo a la escuela para dar a los pobres.

Mamá comenzó a gritar: "¡No conozco a nadie más pobre que nosotros!", cuando su madre, quien por aquella época vivía con nosotros, la obligó a callar apoyando una mano en su brazo y frunciendo el ceño.

—Eva —le dijo—, si le transmites a esa niña la idea de que es pobre, lo será por el resto de su vida. Queda un frasco de la mermelada que hicimos. Puede llevárselo a la escuela.

La abuela encontró un pliego de papel de seda y un poco de cinta rosada con los que envolvió nuestro último frasco de mermelada, y mi hermana salió al otro día para la escuela llevando orgullosamente su "regalo para los pobres".

A partir de entonces, si surgía algún problema en la comunidad, mi hermana suponía naturalmente que ella debía ser parte de la solución.

Edgar Bledsoe

Sólo di que sí

Si la vida no es una osada aventura, no es nada.

Helen Keller

Soy una actriz de comedia. Trabajaba en una estación de radio en Nueva York, anunciando el tiempo como aquel personaje llamado June West (la hermana de Mae West, perdida durante largo tiempo). Un día una mujer llamó de *The Daily News* y me dijo que deseaba hacer un artículo sobre mí. Cuando la entrevista terminó, me preguntó:

—¿Y qué piensas hacer después?.

Pues bien, en aquel momento no pensaba hacer absolutamente nada después, así que para ganar tiempo le pregunté qué quería decir con eso. Dijo que estaba interesada en seguir mi carrera. ¡Una mujer del *Daily News* diciéndome que se interesaba por mí! Entonces decidí que debía decirle algo. Lo que me salió fue:

—Estoy pensando en batir la marca Guinness por ser la mujer que habla más rápido en el mundo.

A la mañana siguiente, el artículo apareció en el diario y la redactora había incluido mis últimas palabras. Cerca de las cinco de la tarde recibí una llamada de *Larry King Live* para pedirme que me presentara en su programa. Deseaban que tratara de batir la marca y me dijeron que pasarían a buscarme a las ocho —querían que lo intentara *aquella misma noche*—.

Ahora bien, yo nunca había escuchado hablar de *Larry King Live*, y cuando la mujer dijo que era del canal de Manhattan, murmuré: "Hmmmm, es un canal pornográfico, ¿verdad?" Pero ella, con paciencia, me aseguró que se trataba de un programa de la televisión nacional y que era una oportunidad que sólo me sería ofrecida una vez: aquella noche o nunca.

Me quedé mirando fijamente el teléfono. Aquella noche tenía una función en Nueva Jersey, pero no era difícil adivinar cuál de los dos compromisos preferiría atender. Tenía que hallar un reemplazo para la función de las siete de la noche, así que comencé a llamar a todos los cómicos que conocía. Gracias a Dios, me fue posible encontrar uno que pudiera reemplazarme y, cinco minutos antes del tiempo asignado, hablé a *Larry King Live* y dije que aceptaba.

Luego me senté a pensar qué diablos haría en el programa. Llamé a Guinness a fin de averiguar qué se requería para batir la marca de la mujer que hablara más rápido. Me dijeron que tenía que recitar algo de Shakespeare o de la Biblia.

De repente comencé a recitar el Salmo 91, una oración de protección que me había enseñado mi madre. Shakespeare y yo nunca nos habíamos llevado bien, así que decidí cifrar mis esperanzas en la Biblia. Comencé a practicar y practicar, una y otra vez. Estaba a la vez nerviosa y entusiasmada.

A las ocho me vinieron a buscar en una *limousine*. Practiqué durante todo el trayecto pero cuando llegué al estudio no podía desatar la lengua. Le pregunté a la encargada:

—¿Qué pasa si no bato el récord?

—A Larry no le importa si lo consigues o no —me respondió—. Sólo le interesa que trates de hacerlo por primera vez en su programa. Entonces me pregunté a mí misma: "¿Qué es lo peor que me puede ocurrir? ¡Aparecer como una tonta en la televisión nacional! No es ningún drama", me dije, pensando que podría sobrevivir a todo esto. ¿Y si después de todo batía la marca?

Decidí dar lo mejor de mí ¡y lo logré! Me convertí en la mujer que hablaba más rápido en el mundo, pronunciando 585 palabras en un minuto ante el público de la televisión nacional (batí de nuevo ese récord dos años más tarde, con 603 palabras por minuto). Así se inició mi carrera.

La gente suele preguntarme cómo hice eso o tantas otras de las muchas cosas que he hecho: dar conferencias por primera vez, aparecer en escena por primera vez, mi primer salto de *bungee*.... Les digo que vivo mi vida según esta sencilla filosofía: primero digo que sí; luego me pregunto: "¿Qué debo hacer para lograrlo?" y a continuación: "¿Qué es lo peor que me puede suceder si no tengo éxito?" La respuesta es: ¡pues simplemente no tener éxito! ¿Y qué es lo mejor que me puede suceder? ¡Que tenga éxito!

¿Qué más puede pedir la vida de ti? ¡Sé tú mismo y pásalo lo mejor posible!

Fran Capo

Yo era el espantapájaros de sexto grado

Las palabras bondadosas pueden ser breves y fáciles de decir, pero su eco es infinito.

Madre Teresa

—¡Deberías *avergonzarte!* ¡Una niña de *sexto grado* que *todavía* se comporta como una ¡pagana! —exclamó la señora Augusta recalcando esas palabras (en privado, los chicos la llamábamos "Angustia") mientras me sentaba de un empellón en el resbaladizo banco de madera de la oficina de la directora.

Tenía que ser *mi* mala suerte que se encontrara cuidando el campo de juegos cuando yo había decidido dar a Johnny Welson, mi peor tormento, una merecida lección. La temible profesora de tercer grado, con su perfecto peinado que resaltaba sobre sus blancas mejillas de *geisha*, arqueó sus delineadas y reprobadoras cejas sobre sus ojos encendidos.

¡Qué diferente era de la señora Peterson, mi robusta profesora de sexto grado, quien, incluso cuando estaba seria, parecía a punto de sonreír! Sin embargo, a la señora Peterson no se la veía por ninguna parte. "¡A nadie le importa lo que yo pueda decir!", pensé, reprimiendo mi temor con un estallido de rabia. "John y esos otros chicos pueden pegarme, hacerme zancadillas y decirme malas palabras todo el año, y cuando comienzo a defenderme, ella se aparece y me culpa *a mí!*"

—¿*Cuándo* vas a *crecer* y a comportarte como una *señorita...?* —chillaba entretanto la señora Augusta, soltando por fin mi brazo con asco—. Permanecerá *aquí*, señorita Moss —ordenó, mientras el rostro sorprendido de la recepcionista aparecía tímidamente detrás de un mostrador. — ¡No pierda de vista a esta delincuente juvenil!

La señorita Moss retiró su arrugado cuello como una gallina azorada, lanzó una mirada a mi rostro cubierto de barro y a la mirada asesina de la señorita Augusta, señaló con un ademán, sin hablar, la puerta abierta de la oficina de la dirección y corrió a su escritorio. Al entrar a la oficina del señor Svensen, la señora Augusta cerró de un golpe la pesada puerta tras de sí, pero cada tanto se escuchaban explosiones verbales como "¡*Absolutamente* imposible!" y "¡*Deplorable!*".

La señorita Moss se acomodó detrás de su escritorio, buscando entre sus papeles, abriendo y cerrando cajones sin ninguna razón aparente, mientras yo intentaba inspeccionar a escondidas lo que quedaba de mi antebrazo derecho. Era el mismo brazo que John Rosse, el chico más popular de la clase, y su amigo John Welson golpeaban mientras me llamaban "Larguirucha", "Espantapájaros", "Boca de lata", "Retardada", o bien, señalando a mis pesados zapatos, decían: "Las botas de siete leguas de Linda Legree" (referencia que en realidad me enorgullecía, dada la temible reputación de Simon Legree).

Yo era la primera en admitir que no era ninguna belleza.

Había alcanzado mi actual altura, poco envidiable, de un metro setenta y dos a pesar de haber sufrido de poliomielitis el año anterior, lo cual me había dejado tan flaca "como una gallina desplumada", según solía decir mi abuela. Tenía aparato de ortodoncia en los dientes superiores e inferiores, zapatos ortopédicos, y mis horribles anteojos no hacían nada para mejorar mi aspecto. Aun cuando inclinaba los hombros para lucir más baja, de todas maneras era la más alta de la escuela. Y para completar, aquel año me habían puesto en un grupo de menor nivel, presuntamente con el fin de reponer los meses que no había podido asistir a la escuela por mi enfermedad, pero en realidad para darme la oportunidad de redimir mi pésima carrera escolar.

Mi madre tenía gran fe en la señora Peterson, la alta y serena profesora de sexto grado, quien había confiado a sus amigas del Club de Mujeres Universitarias que "sería la única persona capaz de hacer algo con Linda". Pues bien, estábamos a mediados de noviembre, y era la tercera vez que me encontraba en la oficina del director desde que habían comenzado las clases, por pelear. De repente, la puerta de la oficina se abrió de golpe y la señora Augusta pasó a mi lado diciendo "... ¡simplemente *deplorable!*", antes de partir. Con el rostro cansado, el señor Svensen se quedó de pie en el umbral; parecía aun más derrotado que yo. "Si la señora Peterson va a hacer algo conmigo", pensé, "¡será mejor que se dé prisa!"

Una semana más tarde, después de una suspensión de cinco días con muchas tareas adicionales en casa, un terrible regaño de mis padres y un triste viaje con ellos a casa de Johnny Welson, donde me obligaron a "disculparme" en la voz más ininteligible que logré producir, regresé a la escuela. Me encontraba afuera del salón, escuchando el alegre murmullo, y con ganas de vomitar al pensar en los rostros complacidos de mis compañeros.

Una mano tocó mi hombro y escuché la voz amistosa de la señora Peterson que me decía:

—¡Hola! Te he echado mucho de menos, Linda.

Levanté la vista para mirarla y me sonrió.

—Tengo que pedirte un favor del que te hablaré en la hora de estudio —prosiguió, guiándome hacia adentro del aula—. He estado pensando que nuestro salón necesita ser embellecido. ¿Quizás un mural con aquellas pinturas de caballos que a menudo haces en tus trabajos? Eres lo suficientemente alta como para colocarlo en el tablero de corcho cerca de la ventana, y podrías trabajar en él durante la lectura grupal o cuando hayas terminado tus deberes.

Sonreí, olvidando por un momento la ordalía que me esperaba.

—¿Podrías acercarte a mi escritorio cuando comience la clase? —agregó—, te explicaré lo que pienso con más detalle.

Asentí, sintiéndome agradecida y honrada, como siempre que me dedicaba su atención. Me apretó la mano amistosamente y se volvió.

Alice Lee sonrió y me hizo señas cuando pasé al lado de su pupitre. Miré su rostro redondo y alegre y dijo "Hola". De repente, a mis espaldas, escuché risitas y ruidosos susurros.

—Miren, regresó el espantapájaros.

Era Cherri. "Me las pagará cuando salgamos", pensé enojada, mientras mi estómago se contraía como un puño.

—Retardada, retardada —cantaba Wardie Masterson en voz baja, y la voz de John Rosse penetró a través de los sarcasmos: —¿Cómo está el clima allá arriba, Larguirucha?

Su risa recorrió mi cuerpo quemándolo como agua hervida.

Luego escuché otra voz, sonora y musical, que apagó instantáneamente los susurros y las risas.

—¿Larguirucha? —preguntó, como si no creyera lo que escuchaba.

Todos nos volvimos al lugar de donde provenía la voz. La señora Peterson, quien se encontraba inclinada sobre el dibujo de Denise, se irguió en toda su estatura y se volvió sorprendida con los ojos muy abiertos.

—¿Alguien le dijo Larguirucha a nuestra Linda? —preguntó de nuevo, incrédula. Parecía flotar allí, irradiando una quietud que nos capturó a todos.

¡*Nuestra Linda!* La señora Peterson hizo que esas palabras sonaran importantes, sagradas, como el *Padre Nuestro*. La sorpresa casi me deja sin respiración.

—Yo siempre he pensado que Linda sería nuestra modelo Powers —añadió. Veintinueve rostros extrañados la miraban sin verla. —¿Conocen la agencia de modelos Powers de Nueva York?

Sus ojos castaños barrieron el salón. Como si nuestras cabezas estuviesen conectadas a la misma cuerda, todos respondimos "No" al unísono. ¡Nueva York! Estábamos en Ogden, Utah, y aquello quedaba al otro lado del globo.

—Pues la agencia de modelos Powers es la más famosa del mundo —continuó en un tono dramático para cautivar a su público—. Sus modelos deben medir como mínimo un metro setenta.

La clase, incluyéndome a mí, se sobresaltó. Algunos pares de ojos me miraban apreciativamente, pero esta vez, en lugar de inclinarme ante esas miradas, me erguí lo más que pude, deseando por primera vez en la vida ser incluso más alta. La señora Peterson prosiguió:

—¿Saben por qué tienen que ser tan altas estas modelos? —preguntó. Otro movimiento lento de la única cabeza. — Porque las mujeres altas son como estatuas, y entonces los trajes les caen más bellamente.

¡*Como estatuas!* La señora Peterson sonrió cálidamente al

grupo, deshaciendo el hechizo en que nos tenía atrapados. Tocó el brazo de Anabelle Crabtree, una chica muy popular (pero lastimosamente pequeña) y dijo:

—¿Ya estás preparada para mostrarme tu esbozo, Anabelle? —y se volvió.

Yo caminé como una reina hacia mi escritorio. Los chicos del pasillo, incluso John Rosse, se apartaron con rapidez para abrirme camino. Tenía mucho en qué pensar, reunir esbozos, tomar decisiones. ¿Debería ser una modelo de Powers *antes* de ser veterinaria, o después? El hecho de ser mundialmente famosa, ¿me impediría vivir en lo alto de una gran montaña? Tomé asiento en el rayado banco de madera, saboreando mis nuevas ilusiones... ¡como una estatua! Briosos caballos retrocedían y caracoleaban en mi mente. ¡Caballos como estatuas! ¡Sería un mural maravilloso!

Linda Jessup

3

SUPERANDO OBSTÁCULOS

*La rica experiencia humana perdería
algo de su gozosa recompensa si no
hubiese limitaciones que superar.*

Helen Keller

Hemos recorrido un largo camino

La mujer es como una bolsita de té. Nunca conoces su fuerza hasta que la dejas caer en agua caliente.

Nancy Reagan

En 1996, las mujeres estamos tan sólidamente unidas y nos apoyamos tanto entre nosotras como lo han hecho los hombres durante décadas. El mundo se ha vuelto un lugar más amistoso para las mujeres que hace cuarenta o cincuenta años. Cuando me alegro por ello, pienso en mi madre... y me pregunto si yo habría podido sobrevivir a lo que ella debió soportar en aquella época.

En 1946, Mary Silver llevaba casada cerca de siete años con Walter Johnson y ya era madre de cuatro niños ruidosos y activos. Yo era la mayor, con cerca de seis años, y los otros me seguían de cerca: dos varones de cuatro y dos años y una bebita. Vivíamos en Amherst, en una casa muy vieja, sin vecinos en los alrededores.

Sé poco de la vida de mis padres en aquel tiempo, pero como también yo crié dos hijos en lugares remotos de Estados Unidos, puedo imaginar cómo fue, especialmente para mi madre. Con cuatro niños pequeños, un esposo cuyo sentido del deber se limitaba a traer el tocino a casa y cortar el césped, sin vecinos y sin ninguna oportunidad de hacer amigos propios, no tenía cómo ventilar las inmensas presiones que tuvo que haber acumulado en su interior. Por alguna razón, mi padre decidió que ella se estaba "descarriando". Cuándo habría encontrado el tiempo, a quién habría podido conocer (más aún lo suficiente como para "descarriarse") si los cuatro niños estábamos siempre con ella, es un misterio para mí. Pero mi padre lo decidió así y no había más que hablar.

Un día, a comienzos de la primavera mamá salió de casa a comprar leche para el bebé. Cuando regresó, mi padre estaba apostado en una de las ventanas del segundo piso, con un rifle en la mano. Le gritó:

—Mary, si tratas de entrar a esta casa, mataré a tus hijos.

Ésa fue la manera de decirle que había pedido el divorcio.

Aquella fue la última vez que mi madre vio esa casa. Se vio obligada a marcharse apenas con la ropa que llevaba puesta, el dinero que tenía en su bolso... y un litro de leche. Es probable que hoy tuviera varias alternativas: un refugio local, un número 800 adonde llamar, una red de amigos que habría establecido en su trabajo. Tendría una chequera y una tarjeta de crédito en su bolsillo, y habría podido pedir, sin avergonzarse, el apoyo de su familia. Pero en 1946 no había nada de eso. Sencillamente, la gente casada no se divorciaba.

Allí estaba, entonces, completamente sola. Mi padre había conseguido enemistarla con su propio padre. Y mi abuelo le prohibió a mi abuela hablar con su hija, cuando ella más la necesitaba.

En algún momento, antes de presentarse ante los tribunales, mi padre entró en contacto con ella y le dijo:

—Mira, Mary, en realidad no quiero el divorcio. Sólo hice todo esto para enseñarte una lección.

Pero mi madre vio que, a pesar de la mala situación en que se encontraba, era preferible a regresar con mi padre y permitir que nos educara. Le respondió:

—De ninguna manera. Ya he llegado hasta aquí y no hay regreso.

¿Adónde podía ir? No podía regresar a casa ni tampoco permanecer en Amherst, primero porque sabía que nadie le daría hospedaje, en segundo lugar porque con el regreso de los soldados no había esperanza de encontrar un empleo y, finalmente y más importante aún, porque allí estaba mi padre. Entonces tomó un autobús y se dirigió al único lugar que encerraba alguna esperanza para ella: Nueva York.

Mamá tenía una ventaja: una buena formación y un diploma en matemáticas del Mt. Holyoke College. Pero había seguido el camino habitual de las mujeres durante las décadas de 1930 y 1940: pasó directamente de la escuela secundaria a la universidad, y de allí al matrimonio. No tenía idea de cómo encontrar un empleo y mantenerse económicamente.

Nueva York tenía varias cosas a su favor: estaba sólo a trescientos kilómetros de distancia, de manera que pudo comprar el boleto del autobús sin dificultades, y era una ciudad grande, así que debía esconder un empleo en alguna parte. Debía encontrar la forma de mantener a sus cuatro hijos. Al llegar a Nueva York, se dirigió al albergue de una asociación de mujeres donde permitían dormir por un dólar cincuenta la noche. En una tienda cercana compraba comida, y comía emparedados de ensalada de huevo y café por cerca de un dólar al día. Luego empezó a recorrer las calles.

Durante varios días, que se hicieron semanas, no

encontró nada: no había trabajo para los graduados en matemáticas, hombres o mujeres, ni empleo en general para las mujeres. Todas las noches regresaba al albergue, lavaba su ropa interior y su blusa blanca, los ponía a secar y planchaba la blusa a la mañana. Estas prendas, junto con una falda gris de franela, constituían toda su vestimenta. Cuidar de ellas absorbía una porción de las largas noches que pasaba sola en el albergue. No tenía libros, ni monedas para comprar un diario, no había teléfono (y nadie a quien llamar) ni radio, con excepción de un aparato en el salón de abajo (donde la lista de huéspedes del albergue que esperaban turno para llevárselo un rato era aterradora). Aquellas noches debieron de ser terribles.

Como era de esperar, sus fondos se agotaban, al igual que las agencias de empleo que aún no había visitado. Por último se redujeron, un jueves en particular, a la última agencia de empleos de la ciudad y a menos del dólar con cincuenta que necesitaba para pagar la noche del albergue. Trataba de no pensar que se vería obligada a pasar la noche en la calle.

Trepó varios pisos de escaleras para llegar a la agencia, llenó la solicitud de rigor y, cuando llegó su turno para la entrevista, se fortaleció para soportar las malas noticias:

—Lo sentimos mucho, pero no tenemos nada para usted. Apenas tenemos empleos suficientes para los hombres que debemos colocar.

Desde luego, los hombres tenían prioridad para cualquier empleo disponible.

Mi madre no sintió nada cuando se levantó de la silla y se dirigió a la puerta. Insensible como estaba, ya se iba cuando advirtió que la señora había murmurado algo más.

—Lo siento, no la escuché. ¿Qué dijo? —le preguntó.

—Dije que está lo de George G. Buck, pero nadie quiere ese empleo. Nadie permanece allí — respondió la mujer señalando con la cabeza una caja de tarjetas colocada sobre un mueble cercano.

—¿De qué se trata? Cuénteme —le insistió mi madre ansiosamente, tomando asiento de nuevo en la silla de madera—. Aceptaré cualquier cosa. ¿Cuándo comenzaría?

—El trabajo es como ayudante de contabilidad, para el cual está usted calificada, pero el sueldo no es bueno y estoy segura de que no le agradará —dijo la empleada tomando la tarjeta correspondiente de la caja—. Veamos. Aquí dice que puede empezar en cualquier momento. Supongo que eso significa que puede ir allí ahora. Todavía es temprano.

Mi madre nos contaba que prácticamente le arrebató la tarjeta de la mano, y se precipitó escaleras abajo. Ni siquiera se detuvo a tomar aire mientras corría el trecho que la separaba de la dirección que aparecía en la tarjeta. Cuando se presentó ante el sorprendido gerente de personal, él le dijo que, en efecto, podía comenzar a trabajar aquel mismo día si lo deseaba; había mucho por hacer. Y resultó que ese jueves era día de pago. Por aquel entonces, la mayoría de las compañías pagaban a sus empleados a destajo el tiempo trabajado hasta el día de pago inclusive, así que, milagrosamente, cuando llegaron las cinco de la tarde se le entregó lo correspondiente a las cinco horas que había trabajado ese día. No era mucho, pero pudo sobrevivir hasta el jueves siguiente, y así sucesivamente.

Mary Silver permaneció en la compañía de George B. Buck durante treinta y ocho años, y llegó a ocupar una posición muy respetable. Recuerdo que tenía una oficina en una esquina, lo cual en el centro de Manhattan era toda una hazaña. Después de diez años de trabajar allí, pudo comprar una casa en los suburbios de Nueva Jersey, a media cuadra del autobús que la llevaba a la ciudad.

En nuestros días, uno de cada dos hogares está a cargo

de una mujer sola y es fácil olvidar que hubo una época en que esto era casi inconcebible. Experimento una gran humildad cuando pienso en las realizaciones de mi madre, pero, ¡también siento el más profundo orgullo! Si yo he recorrido un largo camino, nena, es porque fui conducida un buen trecho por los esfuerzos de muchas, muchas otras mujeres antes de mí... y delante de todas ellas iba esta extraordinaria mujer, mi madre.

Pat Bonney Shepherd

Y se hizo justicia

Cuando el padre de Harry Day falleció poco antes de que su hijo ingresara a la universidad de Stanford, éste se vio obligado a dejar los estudios y dedicarse a manejar la hacienda de su familia. La vida era dura. La pequeña casa de adobe en la frontera de Nuevo México no tenía electricidad ni agua corriente, y estaba situada a muchos kilómetros de la ciudad más cercana.

Pero la vida siguió su curso y a la larga Harry se casó con Ada Mae. Cuando nació su primera hija, viajaron trescientos kilómetros hasta El Paso para que Ada pudiera dar a luz. Luego llevaron a su bebé, Sandra, de regreso a casa a fin de que empezara su vida con los escasos recursos que ofrecía la hacienda.

Ni siquiera había una escuela cerca de la casa, de modo que Ada Mae hizo lo que tenía que hacer: empezó a impartirle a la pequeña Sandra, desde los cuatro años, la instrucción elemental, e hizo que se dedicara varias horas diarias a la lectura. Pero tanto Ada Mae como Harry querían que su hija tuviera una formación universitaria —la que Harry no había podido tener—, y cuando llegó el momento la pusieron pupila en el mejor colegio que estaba al alcance de su bolsillo.

Sandra no sólo ingresó a la universidad, sino que en 1952 se graduó en la Facultad de Derecho de la Universidad de Stanford entre los mejores de su clase, y con confianza se dispuso a hacer carrera en algún estudio jurídico reconocido. Pero debía superar aún muchos obstáculos. Las únicas ofertas que recibió eran para trabajar como secretaria legal.

Entonces decidió trasladarse a San Mateo, California, para ejercer su carrera como asistente del fiscal del condado. Algunos años después, ella y su esposo se mudaron a Arizona, donde consolidó una prominente posición como jurista.

Veintinueve años después de haberse graduado de Stanford, recibió una llamada telefónica del fiscal general William French Smith. El presidente Reagan había nombrado a Sandra Day O´Connor como la primera integrante de sexo femenino de la Corte Suprema de los Estados Unidos.

The Best of Bits & Pieces

Día sin cabello

Si estás a punto de cumplir dieciséis años, te colocas frente al espejo y examinas cada milímetro de tu cara. Sufres porque tu nariz es demasiado grande y porque te salió otro granito... y para colmo, te sientes tonta, tu cabello no es rubio, y el chico de la clase de inglés que te gusta ni siquiera se ha fijado en ti.

Alison nunca tenía estos problemas. Hace dos años era una bella, popular e inteligente estudiante del grado 11°, sin contar con que pertenecía al equipo de *lacrosse* y trabajaba como guardavidas en la playa. Con su cuerpo alto y esbelto, sus ojos de un azul profundo y su espeso cabello rubio, más bien parecía una modelo contratada para lucir trajes de baño que una estudiante. Pero aquel verano algo cambió.

Después de pasar un día en la playa como guardavidas, Alison no veía el momento de llegar a casa para enjuagar el agua salada de su cabello y desenredarlo. Echó a rodar hacia adelante su melena dorada por el sol.

—¡Ali! —exclamó su madre—. ¿Qué hiciste? —Había descubierto un parche de piel desnuda en la parte superior de la cabeza de su hija—. ¿Te lo afeitaste? ¿Alguien tal vez lo hizo mientras dormías?

Pronto develaron el misterio: Alison debió de haber apretado demasiado la banda de caucho con la que se recogía su cola de caballo. El incidente fue olvidado.

Tres meses más tarde, descubrieron otro parche de calvicie, luego otro. Pronto, el cuero cabelludo de Alison estuvo salpicado de aquellos extraños parches. Después de diagnósticos tales como "Es sólo la tensión nerviosa", hasta la aplicación de ungüentos tópicos, un especialista comenzó a administrarle inyecciones de cortisona cada dos semanas, cincuenta en cada parche para ser exactos. Alison obtuvo un permiso especial para ir a la escuela cubierta con una gorra de béisbol, lo cual era una violación del estricto reglamento vigente sobre el uniforme. Pequeños mechones de cabello asomaban a través de los parches, sólo para caer de nuevo dos semanas después. Sufría de un tipo de pérdida del cabello conocida como alopecia, y nada podía detenerla.

El espíritu alegre de Alison y sus buenos amigos la mantuvieron animada, pero hubo algunas ocasiones difíciles, como cuando su hermana menor entró a su habitación con el cabello envuelto en una toalla y le pidió a su madre que se lo cepillara. Cuando quitó la toalla, Alison vio caer el espeso cabello de su hermana sobre sus hombros; tomando su propia cabellera sin vida entre los dedos, rompió a llorar. Era la primera vez que lloraba desde que había comenzado esta experiencia.

Con el tiempo, un turbante reemplazó a la gorra, que ya no conseguía ocultar su progresiva calvicie. Sólo le quedaban algunos débiles mechones y había llegado el momento de comprar una peluca. En lugar de tratar de resucitar su antiguo cabello largo y rubio, fingiendo que nada había sucedido, optó por una peluca castaña que le llegaba a los hombros. ¿Por qué no? La gente corta y tiñe su cabello todo el tiempo. Su nuevo aspecto fortaleció su confianza. Incluso en una oportunidad, cuando el viento que entraba por la ventana del auto de uno de sus amigos se llevó la peluca, todos lo tomaron con humor.

Con la llegada de las vacaciones Alison comenzó a preocuparse. Si no podía usar la peluca en el agua, ¿cómo podría trabajar de guardavidas?

—¿Por qué? ¿Acaso se te olvidó cómo se hace para nadar? —le preguntó su padre.

Ella comprendió el mensaje.

Después de utilizar un incómodo gorro de baño el primer día, reunió todo su valor para salir completamente calva. A pesar de las miradas y de los comentarios ocasionales de las personas descorteses que se paseaban por la playa —"¿Por qué será que estos chicos punk se afeitan la cabeza? ¡Están chiflados!"—, Alison se adaptó a su nuevo aspecto.

Al comenzar de nuevo las clases, Alison llegó a la escuela sin cabello, sin cejas, sin pestañas y con la peluca sepultada en un hueco del ropero. Como siempre lo había planeado, competiría por ser presidente del centro de estudiantes de la escuela —tan sólo introduciendo unos pequeños cambios en su discurso—. Cuando hizo una presentación de diapositivas en las que aparecían algunos famosos líderes calvos, incluido Gandhi, los estudiantes y profesores llenaron hasta los pasillos.

En su primer discurso como presidenta electa, Alison hizo referencia a su enfermedad, y respondió sin dificultad a todas las preguntas que se le hicieron al respecto. Llevaba una camiseta con las palabras "Día malo para el cabello". Señalándola, dijo:

—Si la mayoría de ustedes se levanta a la mañana y no les agrada cómo lucen, pueden usar esta camiseta. —Colocando otra camiseta encima de la anterior, prosiguió:— Cuando yo me levanto, me pongo ésta.

La leyenda decía: "Día sin cabello". Todos la aclamaron y aplaudieron. Y Alison, bella, popular e inteligente —para no mencionar que tenía los ojos de un azul profundo y era integrante del equipo de *lacrosse*, guardavidas y la nueva presidenta del centro de estudiantes— sonrió desde el podio.

Alison Lambert con Jennifer Rosenfeld

Igual a ti

Cuando faltaba un año para terminar la escuela, en mi vida habían pasado dos cosas importantes. En primer lugar, me había enamorado de un joven llamado Charlie. Estaba en el último año, jugaba fútbol, ¡era maravilloso! Yo *sabía* que era el hombre con quien deseaba casarme y formar un hogar. Había, por desgracia, un grave problema: Charlie no se había enterado de que yo existía. ¡Tampoco de que teníamos planes para el futuro!

En segundo lugar, decidí que no deseaba que me practicaran más operaciones en las manos. Había nacido con seis dedos en cada una, y sin nudillos. Mi primera operación fue a los seis meses, y a los dieciséis años ya había tenido veintisiete. Los cirujanos habían removido los dedos sobrantes, acortado otros y creado nudillos. Era un joven espécimen que en ocasiones desfilaba ante quinientos especialistas. Aun cuando mis manos todavía no eran "normales", ya había tenido lo suficiente. Pensé que ya tenía derecho a gritar, "¡Dejen mi cuerpo en paz!". Mi familia apoyó mi decisión; cuando fuera adulta, decían, podría practicarme más operaciones. Pero yo pensaba para mí: "No, no necesito más. Mis manos quedarán así".

Tenía un amigo llamado Don. Habíamos ido juntos a la escuela desde el primer grado, y éramos muy buenos compañeros. Una tarde, Don me visitó y comenzamos a hablar acerca de la fiesta de la escuela y de nuestros planes de permanecer fuera de casa toda la noche. No sabíamos qué íbamos a *hacer* toda la noche, pero nos entusiasmaba la idea de quedarnos fuera de casa. De repente, Don me miró y me dijo:

—Charlie te gusta mucho, ¿verdad?

—Sí, me gusta mucho —respondí.

—Sabes, Carol, hay un problema. Charlie nunca se enamorará de ti —prosiguió Don.

—¿Por qué no? —le pregunté, mientras pensaba para mis adentros: "Ya sé: me teñiré el cabello de rubio. Eso hace maravillas. No, ya sé: seré una de las líderes del grupo. A todos les gustan las líderes".

Pero Don continuó:

—Carol, en realidad no lo entiendes. Nunca le agradarás a Charlie porque eres deforme.

Lo escuché. Lo creí. Lo viví.

Sus palabras me golpearon. Llegué a ser una maestra de primer grado porque pensé que sería un buen trabajo para alguien con una deformidad.

Durante mi primer año como maestra, tuve de alumna a una niña llamada Felicia. Era la más bella que había visto en mi vida. Una tarde estábamos aprendiendo a escribir la A. Para un niño de primer grado, esto significa un lápiz rojo y grueso, papel rayado y un esfuerzo concentrado para mover el lápiz "formando un círculo y luego una colita hacia abajo". El aula estaba en silencio y todos trabajaban con dedicación.

Miré a Felicia, como lo hacía a menudo, y vi que escribía con los dedos cruzados. Me aproximé en puntas de pie, me incliné y le susurré:

—Felicia, ¿por qué escribes con los dedos cruzados?

La niña levantó la vista hacia mí, sus bellos y enormes ojos, y me dijo:

—Porque quiero ser igual a ti, Carol.

Felicia nunca vio en mis dedos una deformidad, sino algo especial que deseaba para sí misma. Todos tenemos algo que consideramos que *no está bien...* una deformidad. Podemos vernos como personas deformes o como personas especiales. Y esta opción determinará cómo viviremos nuestra vida.

Carol Price

Pequeños vagones rojos

Para ser totalmente sincera, el primer mes fue maravilloso. Cuando Jeanne, Julia, Michael —de seis, cuatro y tres años— y yo nos mudamos de Missouri a mi pueblo de origen al norte de Illinois, el mismo día en que obtuve el divorcio, sólo me alegré de encontrar un lugar donde no hubiera peleas ni abuso.

Pero un mes más tarde comencé a echar de menos a mis viejos amigos y vecinos. Extrañaba nuestra bella casa moderna de ladrillo estilo campo, en los suburbios de St. Louis, especialmente después de habernos instalado en una casa alquilada de madera blanca, que databa de un siglo, la única que podía pagar con mis ingresos después del divorcio.

Antes teníamos todas las comodidades: lavadora, secadora, lavaplatos, auto y televisión. Ahora no teníamos nada de esto. Después del primer mes en nuestro nuevo hogar, me parecía que habíamos pasado de la comodidad de la clase media al pánico de la pobreza.

Las habitaciones del segundo piso de nuestra vieja casa ni siquiera tenían calefacción, pero de alguna manera los niños no parecían advertirlo. Los pisos de linóleo, fríos para sus pequeños pies, los animaban a vestirse con mayor rapidez en las mañanas y a irse a la cama más rápidamente en las noches.

Cuando el viento de diciembre se colaba por cada una de las ventanas y puertas de aquella vieja casona, me quejaba del frío. Pero los niños se reían de "lo extraño que era el aire rondando por todos lados" y se arropaban en los pesados edredones que la tía Bernadine había traído cuando nos mudamos.

Sin televisor, estaba desesperada. "¿Qué haremos en las tardes sin nuestros programas favoritos?", me preguntaba. Sentía que estaba traicionando a los niños porque se perderían todos los programas especiales de Navidad. Pero mis tres hijos eran mucho más optimistas y creativos que yo. Buscaron sus cajas de juguetes y me rogaron que jugáramos a las cartas y a su juego preferido.

Nos acomodamos en el harapiento sofá gris que el dueño de casa nos había suministrado y leímos uno tras otro los libros de ilustraciones que nos prestaban en la biblioteca pública. Poníamos discos, cantábamos, hacíamos palomitas de maíz, construíamos magníficas torres de fichas y jugábamos al escondite en la vieja casa decrépita. Los niños me enseñaron a divertirme sin televisión.

Un frío día de diciembre, sólo una semana antes de Navidad, después de caminar de regreso a casa desde mi puesto temporario en una tienda de ventas por catálogo, recordé que aquella tarde debía lavar la ropa de la semana. Estaba agotada de levantar y clasificar los regalos de Navidad de otras personas y algo amargada, pues sabía que apenas podría comprar unos pocos regalos para mis hijos.

En cuanto fui a buscarlos a la casa de la niñera, apilé cuatro canastos de ropa sucia en su pequeño vagón rojo y los cuatro nos dirigimos a la lavandería más cercana.

Cuando entramos, primero tuvimos que aguardar a que las lavadoras estuviesen libres, y luego, a que lo mismo ocurriera con las mesas para plegar la ropa. Seleccionar, lavar, secar y doblar la ropa nos tomó más tiempo del habitual. Jeanne me preguntó:

—¿Trajiste pasas de uva o galletas, mamita?

—No. Cenaremos en cuanto lleguemos a casa —le respondí con impaciencia.

La nariz de Michael estaba apretada contra la ventana llena de vapor.

—¡Mira, mamita! —exclamó—. ¡Está nevando! ¡Copos grandes!

Julia añadió:

—La calle está toda mojada. ¡Nieva en el aire, pero no en el suelo!

Su entusiasmo sólo me irritó más. Como si el frío no fuese suficiente, ahora deberíamos enfrentarnos a la nieve y al barro. Ni siquiera había desempacado todavía sus botas y guantes.

Cuando la ropa estuvo lavada, doblada y apilada en los canastos, la colocamos en el pequeño vagón rojo. Afuera estaba oscuro. ¿Las seis y media ya? ¡Con razón tenían hambre! Por lo general cenamos a las cinco.

Los niños y yo avanzamos paso a paso en la fría tarde y nos deslizamos por la enlodada acera. La procesión —tres niños, una madre encorvada y cuatro canastos de ropa limpia en un viejo vagón rojo— se movía con lentitud mientras nos azotaba el viento helado.

Cruzamos la atestada calle de cuatro carriles por las líneas de demarcación. Cuando llegamos a la acera de enfrente, las ruedas delanteras del vagón resbalaron en el hielo y lo inclinaron hacia un costado. La ropa se esparció en un pozo negro de lodo.

—¡Oh no! —gemí—. ¡Levanta los canastos, Jeanne! Julia,

¡sostén el vagón! ¡Sube de nuevo a la acera, Michael!

A golpes, metí la ropa sucia y húmeda en los canastos.

—¡Esto es espantoso! —exclamé. Furiosas lágrimas rodaban de mis ojos. Odiaba ser pobre, no tener un auto, una lavadora, una secadora. Odiaba el clima. Odiaba ser la única de la pareja que quiso responsabilizarse de los niños. Y, sin duda, odiaba toda la maldita época de Navidad.

Cuando llegamos a casa, abrí la puerta, lancé mi bolso por el aire y me marché a mi habitación para llorar a solas.

Sollozaba lo suficientemente fuerte como para que los niños me escucharan. En una actitud egoísta, deseaba que supieran qué infeliz me sentía. La vida no podía ser peor. La ropa estaba sucia de nuevo, todos estábamos hambrientos y fatigados, no había comenzado a preparar la cena, y no tenía esperanzas de un futuro mejor.

Cuando finalmente dejé de llorar, me senté y contemplé la placa de madera de Jesús que había colgado de la pared a los pies de mi cama. Tenía esta placa desde mi niñez y la llevé conmigo a todas las casas donde había vivido. Mostraba a Jesús con los brazos extendidos sobre la Tierra, obviamente solucionando los problemas del mundo. Permanecí contemplando su rostro, esperando un milagro. Miraba y aguardaba. Por último, dije en voz alta:

—Dios, ¿no puedes hacer nada para mejorar un poco mi vida?

Deseaba con desesperación que un ángel bajara del cielo en una nube y me rescatara.

Pero nadie vino... excepto Julia, quien se asomó por la puerta de la habitación y, con su vocecita de niña, me dijo que ya había puesto la mesa para la cena.

Podía escuchar a Jeanne en el salón, clasificando la ropa en dos pilas: "muy sucia, más o menos limpia, muy sucia, más o menos limpia".

Michael entró a mi habitación y me regaló un dibujo de

la primera nevada que acababa de colorear.

Y ¿saben?, en aquel momento no vi a un ángel, sino a tres ante mí: tres pequeños querubines eternamente optimistas, que me sacaban de nuevo de mi melancolía y desesperación para llevarme al mundo de "mañana las cosas serán mejores, mamita".

Aquel año la Navidad fue mágica, pues nos rodeamos de un tipo de amor muy especial, basado en la alegría de hacer tareas sencillas juntos. Una cosa es segura: de ahí en más, ser una madre sola nunca fue tan temible ni deprimente como la tarde en que la ropa se cayó del vagón rojo. Aquellos tres ángeles de Navidad han mantenido mi espíritu en alto; incluso hoy, más de veinte años después, continúan llenando mi corazón con la presencia de Dios.

Patricia Lorenz

Cobrar vuelo

No es fácil encontrar la felicidad en nosotros mismos, y es imposible encontrarla en otra parte.

Agnes Repplier

Una nueva casa, una piscina en el jardín, dos buenos autos en el garaje y mi primer hijo en camino. Después de nueve años de matrimonio, lo tenía todo —o al menos eso creía—.

Faltaban pocos días para el nacimiento de mi bebé cuando una conversación con mi esposo hizo estallar mi mundo en pedazos. "Quiero estar aquí para recibir al bebé, pero creo que ya no te amo", dijo. ¡No podía creer lo que escuchaba! Se había vuelto un poco distante durante el embarazo, pero pensaba que esto se debía al temor o a la preocupación que sentía por la responsabilidad de ser padre.

Cuando le pedí explicaciones, me dijo que cinco años antes había tenido un romance, y desde entonces no sentía lo mismo por mí. Pensando sólo en mi bebé, y con el desesperado deseo de salvar mi matrimonio, le contesté que podría perdonarle todo y que quería arreglar la situación.

Aquella última semana antes del nacimiento de mi hijo fue una montaña rusa emocional. Estaba muy conmovida por el bebé, muy asustada de perder a mi esposo, y en ocasiones también me sentía culpable porque pensaba que todo esto estaba sucediendo a causa del bebé.

T.J. nació un viernes de julio. ¡Era tan bello e inocente! No tenía idea de lo que ocurría en el mundo de su madre. A las cuatro semanas descubrí la verdadera razón del distanciamiento de su padre. No sólo tuvo un romance cinco años atrás, sino que había iniciado uno durante mi embarazo que aún continuaba. Entonces, T.J. y yo dejamos atrás la casa nueva, la piscina y todos mis sueños rotos, cuando cumplió cinco semanas. Nos mudamos a un apartamento al otro lado de la ciudad.

Me sumí en una profunda depresión que no sabía que existiera. Nunca había experimentado la soledad de pasar hora tras hora sola con un bebé recién nacido. Algunos días mi nueva responsabilidad me abrumaba y temblaba de miedo. Mi familia y mis amigos deseaban ayudarme; sin embargo, había muchas horas llenas de desencanto y desesperación.

Lloraba a menudo, pero me aseguraba de que T.J. no me viera hacerlo. Estaba decidida a no permitir que esto lo afectara. En alguna parte dentro de mí siempre encontraba una sonrisa para él.

Los primeros tres meses de la vida de T.J. pasaron en medio de una bruma de lágrimas. Regresé a mi trabajo y traté de ocultar a todos lo que sucedía. Estaba avergonzada, aunque no sé de qué.

Un sábado a la mañana, cuando T.J. tenía cuatro meses, toqué fondo. Había tenido otra discusión acalorada con mi esposo y él salió enojado del apartamento. T.J. dormía en su cuna. Sentada en el piso del cuarto de baño, enroscada, yo me mecía hacia adelante y hacia atrás. Me escuché decir en alta voz: "No quiero vivir más". Después de decirlo, el silencio me abrumó.

Creo que Dios estaba conmigo aquel día. Permanecí allí en silencio durante un rato, dejando que las lágrimas corrieran por mis mejillas. No sé cuánto tiempo transcurrió, pero en mi interior surgió una fuerza que no había sentido antes. En ese momento decidí asumir el control de mi vida. Ya no daría a mi esposo el poder de afectar mi vida de una manera tan negativa. Comprendí que al centrar tanta atención en sus debilidades, estaba permitiendo que éstas arruinaran mi vida.

Aquel mismo día empaqué algunas cosas y fuimos a pasar el fin de semana a casa de mi hermano. Era mi primer viaje sola con el bebé; ¡me sentí tan fuerte e independiente! Recuerdo que durante el recorrido de dos horas reí, hablé con T.J. y canté durante todo el camino. En aquel viaje comprendí que mi hijo había sido mi salvador durante todos aquellos meses. Saber que él estaba allí todos los días y que me necesitaba me había dado fuerzas para continuar y una razón para levantarme en las mañanas. ¡Qué bendición había sido en mi vida!

Desde aquel día, me obligué a centrarme en la confianza y la fortaleza que me había levantado del piso del baño. No podía creer el cambio que había operado el hecho de trasladar mi atención a estos pensamientos positivos. Sentía ganas de reír de nuevo, y me agradaba estar con otros por primera vez desde hacía varios meses. Inicié el proceso de descubrir a la persona que había mantenido tanto tiempo oculta dentro de mí, un proceso que continúo disfrutando hoy.

Poco después de haberme ido de casa con T.J., había iniciado un tratamiento psicológico, y lo continué varios meses después de aquel día en que sentí que había tocado fondo. Al no experimentar más la necesidad de recibir apoyo y orientación, recuerdo la última pregunta que me hizo la psicóloga, antes de dejar su consultorio:

— ¿Qué has aprendido?

Ni siquiera vacilé al responder:

— Aprendí que la felicidad tiene que venir de adentro.

Es esta lección la que recuerdo cada día y la que deseo compartir con otros. Había cometido el error de basar mi identidad en mi matrimonio y en todas las cosas materiales que rodeaban aquella relación. He aprendido que soy responsable de mi propia vida y de mi felicidad. Cuando centro mi vida en otra persona e intento construir mi mundo y mi felicidad alrededor de ella, no vivo realmente. Para vivir de verdad necesito dejar que el espíritu dentro de mí se libere y se regocije en su singularidad. En este estado de ser, el amor de otra persona se convierte en alegría y no en algo que se teme perder.

¡Ojalá tu espíritu se libere y cobre vuelo!

Laurie Waldron

Lágrimas de felicidad

*Amate a ti mismo y todo lo demás encontrará
su lugar. Debes amarte a ti mismo para poder
hacer algo en este mundo.*

Lucille Ball

Llorar es propio de los humanos, y llorar de alegría lo es
más aún. Yo lloro todos los días.

Lloro por todos los años que deseaba y necesitaba llorar y
no lo hice. Lloro por la soledad y el dolor que he sentido.
Lloro por el puro deleite de estar viva. Lloro por el placer
que me produce mover mi cuerpo, por la capacidad de
bailar, estirarme y sudar. Lloro de gratitud por la vida que
ahora tengo.

Yo era una niña bonita. Me fascinaba reír y jugar con mis
amigos. Luego, a los ocho años, experimenté el trauma devas-
tador del incesto. Para resistir esta pesadilla física, mental y
emocional, tomé dos decisiones inconscientes: en primer
lugar, quería ser tan fea como fuera posible; en segundo, no
deseaba pensar ni sentir. Sabía que si me permitía sentir
algo, sería demasiado para mí.

Entonces comencé a comer. Cuando sentía temor,

comía; cuando sentía dolor, comía. A los doce años pesaba cien kilos.

Pasaba casi todo el tiempo sola, haciendo manualidades o mirando la televisión. Incluso cuando estaba con mis hermanos y hermanas, me sentía sola. Nunca fui invitada a un baile, a un cine ni a salir con un muchacho. Era socialmente invisible.

A los veinticinco años, pesaba ya casi doscientos kilos. Mi médico me dio seis meses de vida. Mi cuerpo no podía soportar su propio peso. Durante dos años no salí de mi casa. No podía, literalmente, moverme. *Tenía* que perder peso si deseaba vivir. Y decidí hacer todo lo que me ordenara el médico para lograrlo.

Bajé los primeros cincuenta kilos y me sentí tan ligera que quise bailar. Pero comencé a ganar peso de nuevo y me di cuenta de que era necesario llegar más profundo y enfrentar la raíz de mi problema: el dolor que no había sentido. Comencé una terapia, inicié un programa de autoayuda para rebajar de peso y acepté el amor y el apoyo de mi familia y amigos. A los treinta y cinco años, lloré por primera vez desde que tenía ocho años. Sentir mi dolor era el verdadero secreto de mi pérdida de peso.

Llegada a este punto, dependía de mí continuar con el trabajo y hacerme consciente cada día. Fue un proceso progresivo de conocimiento y aceptación de mí misma. Seguí con la terapia. Comencé a estudiar nutrición y aprendí que, en mi caso, comer grasas actuaba como sedante. Observaba mi comportamiento para determinar qué suscitaba la necesidad de comer. Cuando me vi sumida hasta las rodillas en helado, me detuve y me pregunté cómo había llegado hasta ese punto.

Aun cuando en ocasiones retrocedía, fue la aceptación de mí misma, con todas mis fortalezas y debilidades, lo que me ayudó a regresar y a continuar. Mi meta era ser mejor, no ser perfecta.

Ver niños obesos me parte el corazón. No se nos ocurriría reír de un niño a quien le falta un brazo o una pierna, o se encuentra en una silla de ruedas. Pero la gente se burla de un niño que por un trastorno alimenticio es obeso, y lo aísla. Todavía no comprendemos que el peso que este niño lleva es el de su propio dolor.

Para sanarme no tuve que perder peso únicamente. Tuve que aprender a vivir la vida como una adulta. Nunca había aprendido las habilidades sociales básicas. Una vez, en mi trabajo, un hombre me dirigió la palabra y rompí a reír como si tuviera catorce años. Inicié el proceso de aprender acerca de las relaciones humanas y la madurez.

Ahora, a los cuarenta y seis años, soy una adulta. He llegado a ser una persona a la que realmente quiero. Mi peso está dentro de lo normal, hago ejercicios con regularidad y tengo una carrera que me fascina: soy conferencista motivacional. Reconozco las cosas buenas que me dejaron los años de dolor y aislamiento de mi infancia: mi amor por la música clásica, mi habilidad para coser y hacer vitrales, para crear belleza con mis manos. Incluso mi persuasiva elocuencia se remonta tal vez a las muchas horas que pasé observando a los mejores animadores de la televisión, como Lucille Ball y Milton Berle.

Estoy agradecida por las bendiciones que ahora tengo y acepto los acontecimientos como dones de crecimiento que moldean el carácter y fortalecen la fe. Hoy lloro de gratitud por la vida que tengo.

Joan Fountain con Carol Kline

4

SOBRE EL MATRIMONIO

Ahora no sentirán la lluvia,
Pues cada uno será refugio para el otro.
Ahora no sentirán frío,
Pues cada uno será calor para el otro.
Ya no habrá soledad para ustedes,
Pues cada uno será el compañero del otro.
Ahora son dos cuerpos,
Pero sólo hay una vida ante ustedes.
Vayan a su morada
Para iniciar los días de su unión.
Y que sus días sobre la Tierra sean buenos y
duraderos.

Bendición apache

En casa para siempre

La más preciosa posesión que puede llegar a tener un hombre en este mundo es el corazón de una mujer.

Josiah G. Holland

Era uno de aquellos días extraños. Ya saben a qué me refiero. Cuando me levanté a la mañana, me sentí en paz. El sol brillaba. El aire estaba fresco por el aroma del verdor. Era un bello día y yo estaba bien con el mundo.

Era mi día libre y con agrado me disponía a limpiar la casa y lavar la ropa. Trabajo mucho en un hogar de pacientes crónicos como enfermera de rehabilitación, y en ocasiones recibo con alegría la variedad que me ofrecen los quehaceres domésticos. No siempre. Pero a veces es un cambio refrescante.

Alrededor de las ocho de la mañana sonó el teléfono. Podía oír la voz de mi madre al otro lado de la línea. Se escuchaba un poco tensa e, instintivamente, supe que algo andaba mal. Ella estaba a punto de llorar.

Procedió a decirme que mi abuelo, su padre, estaba muy enojado porque el hogar de ancianos al que había ingresado dos semanas antes aún no lo había colocado en la misma habitación de mi abuela. Ése había sido el trato: compartiría una habitación con su esposa. Se lo habíamos prometido y contaba con ello.

Siete años y medio antes, la abuela había sido internada en ese lugar debido a que padecía una enfermedad progresiva, la de Alzheimer, y a la incapacidad de mi abuelo para cuidar de ella. Cuando ingresó tenía 90 años y mi abuelo 91. Todos los días, durante los siete años y medio siguientes, él caminaba más de un kilómetro de ida y de regreso para pasar el día con ella. Aun cuando ella no podía hablarle ni responder a sus cuidados y su compasión, el abuelo continuaba con su vigilia diaria.

Cada vez que yo lo visitaba, me relataba cómo se habían conocido, un día que nunca olvidaría. Me contaba que primero la vio en una multitud de gente en la feria, y que le había impresionado "la linda cinta roja que llevaba en sus bellos cabellos castaños". Luego sacaba su billetera y me enseñaba la fotografía que tomó aquel día en la feria. Siempre la llevaba consigo.

Con el tiempo, el abuelo llegó a estar demasiado débil para vivir solo y cuidar de sí mismo. A veces, hasta se olvidaba de comer. Sabía que era sólo cuestión de meses que él también tuviera que ser atendido por otros.

Eso no fue fácil de aceptar. Siempre había sido un hombre tenazmente independiente. Condujo su auto hasta los noventa y tres años, y jugó golf diariamente, cuando el clima lo permitía, hasta los noventa y seis años. Pagó sus cuentas, mantuvo su apartamento, se lavó la ropa, compró y cocinó su comida hasta los noventa y siete años. Pero cuando se aproximaba a los noventa y ocho, ya no pudo cuidar más de sí mismo.

Después de mucha persuasión, amor y apoyo, se avino a ingresar al hogar donde se encontraba mi abuela, pero con una condición: compartiría una habitación con ella o no iría. Esto fue lo que decidió y la familia estuvo de acuerdo. Quería "estar con su amada".

La directora aceptó la solicitud y el abuelo ingresó. El día que llegó, sin embargo, se le dijo que debería aguardar un par de días hasta que trasladaran a la persona que compartía la habitación con la abuela. Le aseguramos al abuelo que todo estaría bien y partimos, suponiendo que estaba arreglado.

Pero los días se convirtieron en semanas y el abuelo aún no había sido trasladado a la habitación de la abuela. Cada vez estaba más confundido y letárgico. No comprendía por qué no podía estar con ella. Peor aún, se hallaba en otro piso y ni siquiera podía "encontrarse" con ella.

Mi madre preguntaba constantemente por qué no habían trasladado al abuelo y a qué se debía la demora, pero sus preguntas caían en oídos sordos. Por fin, la directora le dijo que lo más conveniente para el abuelo no era mudarse a la habitación de la abuela. Dada su debilidad, pensaban que podría hacerse daño al tratar de cuidarla. Habían observado cómo la mimó durante más de siete años. Podría lastimarse al tratar de colocarla en una posición mejor o al moverla. Conocían bastante su naturaleza independiente y su voluntad de hacer las cosas bien.

Al principio, mi madre aceptó esa decisión, pero luego se mostró cada vez más preocupada. El abuelo se sentía mal lejos de su esposa. Sólo deseaba estar con ella —con la persona a quien había amado durante sesenta y ocho años—. Hablaba de ello permanentemente, y estaba siempre triste. El brillo de sus bellos ojos azules se había desvanecido.

Una mañana, sonó el teléfono. No había visto al abuelo desde su ingreso al hogar. Al igual que mi madre, luchando por retener las lágrimas, mi abuelo me relató lo sucedido.

Me abrumó la tristeza. Ese ser a quien quería tanto, a quien había idealizado de niña y aprendido a conocer y a respetar como adulta, pasaba sus últimos años descorazonado y solitario. Él, que era mi lazo con la eternidad, estaba perdiendo su espíritu. No le llevaban el apunte y se le negaba el control de su vida. Me enojé muchísimo ante lo que consideré una verdadera injusticia.

Después de hablar con mi madre, decidí encargarme del asunto. Llamé a la directora del asilo y le pregunté sobre la situación. Me reiteró la información que me había dado mi madre. Le expliqué con serenidad que, a mi entender, el abuelo debía ser trasladado a la habitación de la abuela, como se le había prometido. Ella insistió en que podría esforzarse demasiado y lastimarse al cuidarla. Le señalé que era importante cumplir la promesa, porque ambos se beneficiarían emocionalmente al compartir la misma habitación, como lo habían hecho durante sesenta y ocho años. No veía por qué, al final de sus largas y amorosas vidas, habría de negárseles su mutua compañía. Se amaban, y el "trato" había sido que estarían juntos.

Tras mucha discusión y desacuerdo, ya no pude contenerme. Mis emociones estallaron. Pregunté: "¿Cuál es el problema? Si mi abuelo, de noventa y ocho años, tuviera colesterol y le fascinara comer queso, ¿sabe una cosa?, lo dejaría hacerlo. Es más, ¡yo misma saldría a comprarle su queso predilecto! Y si no pudiera comer solo, yo se lo daría. Estar en una habitación con mi abuela es importante para él, para su bienestar emocional, para su espíritu, para que haya brillo en sus ojos".

Hubo una larga pausa al otro lado del teléfono. La directora contestó que comprendía lo que le estaba diciendo y que se ocuparía de ello.

Eran cerca de las nueve de la mañana cuando terminamos nuestra conversación; les daría plazo hasta las dos de la tarde para que mis abuelos estuvieran juntos. También le informé que si no efectuaba el traslado para ese momento, yo misma los retiraría de esa institución y los colocaría en otra donde pudieran compartir la misma habitación.

Luego llamé a mi madre y le dije:

—Deja todo y toma tu bolso. Vamos a visitar a los abuelos.

Conduje hasta lo de mi madre, deteniéndome en el camino a fin de comprar un televisor a color para el abuelo. Mamá me recibió en la puerta con una gran sonrisa y juntas nos dirigimos al asilo, con la sensación de haber controlado la situación.

Cuando llegamos, la abuela dormía profundamente y el abuelo estaba sentado a su lado, acariciando sus cabellos. Tenía una sonrisa en el rostro y aquel viejo brillo en sus maravillosos ojos azules. Le arreglaba el cobertor y le estiraba las sábanas. Y comenzó a hablarme de nuevo de su "amada" y de cuánto la quería, sin dejar de mencionar la feria y el lazo rojo en sus hermosos cabellos castaños. Me enseñó la fotografía que guardaba en la billetera. Por fin había llegado a casa.

Jean Bole

Un puñado de esmeraldas

*La vida no es una sucesión de grandes aconte-
cimientos, sino de pequeños momentos.*

Rose Kennedy

Cuando Jeff y yo nos casamos, un tempestuoso sábado de hace dieciséis años, no se nos cruzó por la mente que algún día nos parecería un hecho muy lejano. Desde entonces vivimos en ocho ciudades y hemos tenido tres hijos. Ya estamos consumiendo nuestro tercer frasco de salsa de Tabasco, y acabo de hacer trizas la última de las sábanas que nos regalaron en la boda, para tener trapos. Por desgracia, la mayoría de los horribles muebles color ocre que compramos para nuestro primer apartamento aún sobreviven. Mi vestido de novia está colgado en la parte de atrás del armario. Todavía puedo cerrarlo (cuando no estoy dentro de él). Hemos tenido cuatro autos (desgraciadamente, ninguno de ellos nuevo) y demasiados altibajos como para contarlos.

Recuerdo un día de manera especial. Vivíamos en el Este y mis padres vinieron a visitarnos. Como éramos jóvenes, teníamos muy poco dinero y estábamos exhaustos por el trabajo que nos daban los chicos, mis padres nos invitaron amablemente a pasar una semana en una casa junto al mar haciéndose cargo de todos los gastos. Este arreglo fue duro para el orgullo de Jeff; yo misma estaba de pésimo humor, y un día tuvimos una pelea estúpida por una partida de Monopolio. Salió enojado de la casa y se dirigió a la playa. Un par de horas más tarde, mientras yo lo aguardaba en ese lugar, emergió del Atlántico tostado por el sol y con su colchón neumático a la espalda.

—¿Dónde está tu anillo de matrimonio? —le pregunté.

Miró su mano izquierda, espantado. Su dedo se había encogido por el frío del agua cuando iba a la deriva en la tabla, el anillo se había deslizado y ahora estaba en el fondo del mar, con las anémonas. Rompí a llorar.

—Sácate el anillo y tíralo al mar también —me rogó.

—¿Por qué habría de tirar mi anillo de oro si ni siquiera tenemos dinero para comprar gasolina y regresar a casa? —gemí.

—Porque los dos anillos deben estar juntos en el fondo del mar.

Mi sentido práctico pudo más que el corazón y las flores, y aún llevo mi anillo. Este recuerdo, sin embargo, me ha permitido sobrellevar muchas situaciones que estaban lejos de ser románticas.

Cuando se acerca nuestro aniversario, pienso en aquel día en la playa, y en lo que le dijo el fallecido Charlie MacArthur a Helen Hayes cuando la conoció en una fiesta. Le dio un puñado de cacahuetes y le señaló: "Desearía que fueran esmeraldas". Después de haber estado felizmente casados durante muchos años, y cuando MacArthur se aproximaba al final de su vida, le dio a Helen un puñado de esmeraldas y le dijo: "Desearía que fueran maníes".

Yo también.

Rebecca Christian

Perdido y hallado

Winona tenía diecinueve años cuando conoció a Edward, un joven alto y bien parecido, durante el verano de 1928. El había viajado para visitar a su hermana, quien estaba comprometida con el hermano de Winona. Edward se hospedó en la casa de unos amigos y, aun cuando sólo permaneció allí unos pocos días, tuvo tiempo suficiente para conocer a aquella joven vivaz de cabellos oscuros, que lo intrigó desde su primer encuentro. Prometieron escribirse y Edward regresó a su ciudad.

Durante varios meses se escribieron largas cartas llenas de novedades, en las que compartían detalles de sus vidas y sus sueños. Luego, tan súbitamente como había entrado en su vida, Edward desapareció de ella. Las cartas dejaron de llegar, y Winona aceptó poco a poco que él, sencillamente, ya no estaba interesado. Edward no podía entender por qué Winona había dejado de escribir y, él también, se resignó al hecho de que la mujer de quien se había enamorado no correspondiera a su amor.

Varios años más tarde, Winona se casó con Robert, un hombre muy atractivo, diez años mayor. Tuvieron tres hijos. Sabía de la vida de Edward por su cuñada. Algunos años después del matrimonio de Winona, Edward se casó y también tuvo tres hijos.

Con ocasión de una visita de Winona a casa de su hermano y su cuñada, su hermano anunció: "Viajaremos para asistir a la boda de la hija de Edward. ¿Quieres venir con nosotros?". Winona no vaciló y partieron.

En el auto, se sentía nerviosa sólo de pensar qué diría a este hombre, a quien no había visto en treinta años. ¿Recordaría sus cartas? ¿Tendría tiempo de conversar con ella? ¿Desearía hacerlo?

Poco después de llegar a la recepción, Edward vio a Winona al otro lado del salón. Se dirigió lentamente hacia ella. El corazón de Winona latía muy fuerte cuando se estrecharon la mano y se saludaron. Se instalaron en una de las mesas a conversar, y el corazón de Winona latía tanto que temió que Edward pudiera escucharlo. Él tenía lágrimas en los ojos mientras conversaban cortésmente acerca de la boda y de sus respectivas familias. Nunca mencionaron las cartas y, unos minutos después, Edward se despidió para cumplir sus deberes como padre de la novia.

Winona regresó a su casa, donde continuó con su trabajo como profesora de piano y en una agencia de publicidad, aprovechando, como siempre, lo mejor que la vida le ofrecía. Sepultó los recuerdos de su breve encuentro junto a los otros que guardaba de Edward.

Diez años más tarde, cuando murió la esposa de Edward, Winona le envió una tarjeta de condolencia. Dos años después, cuando murió el esposo de Winona, Edward le escribió. Iniciaron de nuevo su correspondencia.

Edward le escribía a menudo y, para Winona, la llegada de sus cartas se convirtió en el momento más especial del día. Camino a su trabajo, se detenía en la oficina de correos para buscar sus cartas, y las leía en los semáforos. Poco a poco, Edward comenzó a expresar su amor por su "amada Winona", y acordaron que él viajaría a su ciudad durante las vacaciones.

Winona estaba entusiasma y nerviosa con esta perspectiva. Después de todo, excepto por su breve encuentro durante la boda, no habían estado juntos desde hacía más de cuarenta años. Sólo llevaban seis meses de correspondencia y Edward vendría por dos semanas.

Era un bello y cálido día de junio cuando Winona se dirigió al aeropuerto a recibir a Edward. Esta vez, cuando la vio, corrió a su encuentro y la envolvió en un largo y amoroso abrazo. Conversaron alegremente mientras recuperaban el equipaje y buscaban el auto. Fue un comienzo fácil.

Cuando estaban en el auto y se dirigían al hotel, Edward sacó una pequeña caja de terciopelo de su bolsillo y deslizó un anillo de compromiso en el dedo de Winona. Ella quedó sin habla. Él había hecho alusiones al matrimonio en sus cartas, pero esto era demasiado repentino. ¿O no lo era? ¿No había esperado todos estos años para recibir su amor?

Durante dos semanas, Edward cortejó a su Winona. Incluso le enviaba cartas desde el hotel. Las preocupaciones de ella se disolvieron poco a poco en el flujo del amor de Edward y en el completo apoyo de su familia y amigos. El 18 de septiembre de 1971, vestida con un largo traje color rosa, Winona caminó hacia el altar del brazo de su hijo mayor. Winona y Edward se casaron y, según dijo ella, "vivieron felices como en los cuentos de hadas".

¿Y qué fue de todas aquellas cartas que se habían detenido de repente tantos años atrás? La madre de Edward las había destruido porque no deseaba perder a su hijo menor. Cuarenta y tres años después, Winona lo encontró.

Elinor Daily Hall

La novia del abuelo

Como yo era el único miembro de la familia que vivía cerca, fui quien primero recibió la llamada del hogar de ancianos. El abuelo se debilitaba rápidamente, debía ir de inmediato. No había nada más que hacer, excepto acompañarlo. "Te amo, abuelo. Gracias por estar siempre conmigo cuando más te necesité". Y, en silencio, lo dejé partir.

Recuerdos... recuerdos... Seis días a la semana, vestido con su vieja camisa azul y su overol de trabajo, el granjero cuidaba de aquel ganado Hereford que tanto amaba... En los calurosos días del verano, alzaba los atados de heno de la carreta, araba la tierra, sembraba el trigo y los frijoles para recolectarlos después... siempre trabajando, desde el amanecer hasta el ocaso. Sobrevivir exigía trabajo, trabajo, trabajo.

Pero los domingos, cuando finalizaba las tareas de la mañana, se ponía su traje gris y su sombrero. La abuela lucía su vestido violeta y el collar de marfil, y se iban a la iglesia. A esto se reducía su vida social. Los abuelos eran gente silenciosa, pacífica, poco emotiva, que cada día hacía lo que tenía que hacer. Él era mi abuelo, lo había sido durante treinta y cinco años. Resultaba difícil imaginarlo en otro papel.

La enfermera se disculpó por tener que pedirme tan pronto que retirara las cosas del abuelo de la habitación. No me llevaría mucho tiempo. No había casi nada. De pronto la encontré, en el cajón de su mesa de noche. Parecía como una tarjeta de novios muy vieja, hecha a mano. Lo que algún día debió ser papel rojo, ahora era de un rosado pálido y manchado. En el centro del corazón, había pegado un papel blanco. Allí, con la letra de la abuela, estaban escritas estas palabras:

PARA LEE, DE HARRIET
Con Todo Mi Amor
14 de febrero de 1895

¿Estás vivo? ¿Eres real? ¿O eres el sueño más bello que he tenido en muchos años? ¿Eres un ángel o un producto de mi imaginación? ¿Te fabriqué para que llenaras mi vacío? ¿Para que calmaras mi dolor? ¿Cómo te hiciste tiempo para escucharme? ¿Cómo pudiste comprender?

Me hiciste reír cuando mi corazón lloraba. Me llevaste a bailar cuando no podía dar un paso. Me ayudaste a proponerme nuevas metas cuando me estaba muriendo. Me mostraste las gotas de rocío y vi diamantes. Me trajiste flores silvestres y tuve orquídeas. Cantaste y coros de ángeles entonaron melodías. Sostuviste mi mano y todo mi ser te amó. Me diste un anillo y fui tuya. Te pertenecí y contigo lo he experimentado todo.

Mientras leía estas palabras, las lágrimas resbalaron por mis mejillas. Pensé en la pareja que siempre había conocido.

Es difícil imaginar a los abuelos en un papel diferente. ¡Lo que leí era tan bello y sagrado! El abuelo lo había conservado durante todos aquellos años. Ahora está enmarcado en mi habitación, como parte preciada de la historia familiar.

Elaine Reese

Todos los días de mi vida

Mis padres se disponían a celebrar sus bodas de oro. Mamá llamó, llena de entusiasmo: "¡Me envió una docena de rosas blancas!". Sonaba como una adolescente ansiosa a quien acaban de invitar a la fiesta de graduación; me decía qué feliz era, qué bien se sentía y qué suerte tenía.

Este aniversario sacó a la luz un aspecto de mis padres que yo nunca había conocido. Sus anillos de matrimonio, por ejemplo, llevan inscripto este verso: *Te envié un capullo de rosa blanca*. Mi padre me lo contó un día en la cocina. Mi madre exclamó, "¡Oh, John!", como si quisiera detenerlo. Él respondió, "¡Vamos, Claire!"

Mis padres siempre han actuado así en lo referente a su relación: la consideraban privada. Nunca hubo intimidades frente a los niños. Los veíamos como compañeros, como un equipo.

—¿Recuerdas el verso? —le pregunté a mi padre aquel día en la cocina, mientras examinaba a la luz su anillo de matrimonio. Me miró, tomó aliento y comenzó a recitar "Una rosa blanca", del poeta irlandés-norteamericano John Boyle O´Reilly. No vaciló ni una sola vez; era como si todos los días, durante el último medio siglo, lo hubiera estado recitando mentalmente.

—*La rosa roja susurra pasión, / la rosa blanca suspira amor* —comenzó.

Mi madre exclamó "¡Oh, John!".

—*Oh, la rosa roja es un halcón, / la rosa blanca una paloma.*

"¡Oh, John!", dijo otra vez mi madre, y salió de la habitación.

—*Pero yo te envié un capullo de rosa blanca / Con rubor en el borde de sus pétalos* —continuó, junto al lavaplatos—. *Pues el amor más puro y dulce / Tiene un beso ardiente en los labios.*

Se detuvo.

—¿No es muy bello? —me preguntó con una sonrisa.

Fuimos a buscar a mi madre, quien se encontraba en el saloncito, con la cabeza entre las manos.

—¡Es muy bello! —le dije.

—Me hace sentir incómoda —contestó ella.

Como en su juventud jamás había visto un matrimonio feliz, se preguntaba por qué alguien se molestaría en casarse. Más bien imaginaba su futuro como especialista en Chaucer. En la universidad, salir con muchachos era para ella poco divertido. Fue entonces cuando conoció a mi padre.

Era el hombre más decente que había conocido. Fue el hombre, y no la institución del matrimonio, lo que la atrajo hacia él. Llegó al altar, nos relataba después, como si se dispusiera a saltar al abismo.

Durante su primer año de matrimonio, cuando mi padre partió a la guerra, ella tenía cinco meses de embarazo y estaba aterrada. Tuvo el bebé y esperó. Comía helados de chocolate y nueces para tranquilizar su corazón.

Mi padre regresó, conoció a su hijo de siete meses, y pronto, con mi madre, compraron una casa. Luego tuvieron una hija, después otra y más tarde nací yo.

Incluso de niña, sabía que mis padres eran seres especiales. Mi padre prefería quedarse con mamá en lugar de jugar a los bolos con sus amigos. Y cuando él no estaba, ella no hacía gestos ni bromas acerca de su marido, como otras esposas. Decía: "Saben, nunca me ha decepcionado".

Para celebrar sus bodas de oro, renovaron los votos del matrimonio en la iglesia. Cuando mi padre repitió los suyos, se ahogó y tuvo que hacer una pausa. Mi madre los pronunció con una pasión que nunca le había oído. Mirándolo a los ojos, proclamó: "... todos los días de mi vida".

Después de la ceremonia tuvimos una gran fiesta, en la cual mi padre besó a mi madre y le dijo:

—¡Bienvenida a la eternidad!

Ella permaneció sin habla gran parte del tiempo, excepto para decir:

—Este es el día más feliz de mi vida —para luego añadir:

—Es mejor que el día de mi boda... ¡porque ahora sé cómo funciona todo!

Jeanne Marie Laskas

5

SOBRE LA MATERNIDAD

Adoptar la decisión de tener un hijo es trascendental. Es como decidir para siempre que tu corazón andará paseando fuera de tu cuerpo.

Elizabeth Stone

Cambiará tu vida

A mi amiga se le está terminando el tiempo. Mientras almorzábamos, mencionó al pasar que ella y su esposo estaban pensando en "comenzar una familia". Lo que quiere decir es que su reloj biológico avanza y se ve obligada a considerar la posibilidad de ser madre.

—Estamos haciendo una encuesta —me dijo medio en broma— ¿Tú crees que debiéramos tener un hijo?

—Cambiará tu vida —dije cautelosamente, en tono neutral.

—Ya lo sé —respondió—. No dormiré los sábados, no habrá más vacaciones imprevistas...

Pero no era eso lo que quise decirle. La miré, tratando de decidir qué le contestaría.

Quiero que sepa lo que nunca aprenderá en las clases de preparación para el parto. Quiero transmitirle que las heridas físicas que deja un embarazo se curan, pero ser madre deja una herida emocional tan fuerte que desde entonces una siempre es vulnerable.

Pienso advertirle que nunca leerá de nuevo los diarios sin preguntarse: "¿Y si hubiera sido mi hijo?". Que cada accidente aéreo, cada incendio la atormentarán. Que cuando vea fotografías de niños que se mueren de hambre, se preguntará si puede haber algo peor que ver morir a un hijo.

Contemplo sus uñas cuidadosamente pintadas y su traje elegante y pienso que, por sofisticada que sea, el hecho de ser madre la reducirá al nivel más primitivo, el de una osa que protege a su cría. Que al grito de "¡Mamá!" dejará caer un plato recién horneado o su mejor juego de copas de cristal, sin vacilar un segundo.

Creo que debo señalarle que a pesar de todos los años que haya dedicado a su carrera, la maternidad descarrilará su profesión. Es posible que consiga quien cuide del niño, pero un día, cuando se disponga a salir para una importante reunión de negocios, pensará en el dulce aroma de su bebé. Tendrá que echar mano de toda su disciplina para no correr a casa, sólo para asegurarse de que todo está bien.

Quiero que mi amiga sepa que las decisiones cotidianas ya no serán una rutina. Que cuando un niño de cinco años desea ir al baño de los hombres y no al de las mujeres en un restaurante, esto se convertirá para ella en un importante dilema. Que allí mismo, en medio del ruido de los cubiertos y los gritos de los niños, los problemas de la independencia y de la identidad de género tendrán que ser sopesados contra la posibilidad de que algún pervertido se esconda en el baño de los hombres. No importa las decisiones que pueda adoptar sin dificultad en su oficina, como madre nunca estará completamente segura de sus decisiones.

Miro a mi atractiva amiga y quiero asegurarle que, con el tiempo, perderá los kilos que haya ganado durante el embarazo, pero nunca se sentirá igual acerca de sí misma. Que su vida, tan importante ahora para ella, no tendrá tanto valor cuando tenga un hijo; que renunciaría a ella en un instante para salvar la de su criatura, pero también que empezará a desear vivir más tiempo, no para realizar sus propios sueños, sino para ver que su hijo realice los suyos. Quiero que sepa que la cicatriz de una cesárea o las brillantes estrías que queden en su vientre se convertirán en medallas de honor.

La relación de mi amiga con su esposo cambiará, pero no de la manera como ella cree. Deseo que pueda comprender cuánto más podemos llegar a querer a un hombre que le cambia los pañales al bebé o que nunca duda en jugar con sus hijos. Creo que debe saber que se enamorará de nuevo de su esposo por razones que ahora le parecerían muy poco románticas.

Desearía que mi amiga pudiera sentir el vínculo que experimentará con las mujeres que a través de la historia han intentado desesperadamente poner fin a la guerra, los prejuicios de todo tipo y a los conductores ebrios. Espero que comprenda por qué, si bien soy capaz de pensar racionalmente acerca de la mayor parte de los problemas, pierdo transitoriamente la razón cuando discuto la amenaza de una guerra nuclear pensando en el futuro de mis hijos.

Quiero describirle a mi amiga la emoción que sentirá al ver a su hijo aprender a jugar al fútbol o a batear. Desearía capturar para ella la risa profunda de un niño que por primera vez toca el suave pelambre de un perro.

Entonces me inclino sobre la mesa, oprimo la mano de mi amiga y rezo una oración por ella, por mí y por todas las mujeres, simples mortales, que llegan a los tumbos al camino que les fija la más sagrada de las vocaciones.

Dale Hanson Bourke
Enviado por Karen Wheeler

Mientras te miro dormir

Mi precioso niño, me he deslizado en tu habitación para acompañarte mientras duermes y observar el ritmo de tu respiración por un rato. Tus ojos están cerrados serenamente y tus suaves rizos rubios enmarcan tu rostro angelical. Hace sólo unos momentos, cuando trabajaba en mi estudio, una tristeza creciente me invadió al pensar en los acontecimientos del día. Ya no podía fijar mi atención en el trabajo, así que vine a conversar contigo en silencio, mientras descansas.

En la mañana me impacienté contigo porque holgazaneabas y te vestías con lentitud. Te dije que dejaras de ser tan perezoso. Te reñí por perder tu boleto del almuerzo, y terminé el desayuno con una mirada de desaprobación porque te habías ensuciado la camisa. "¿De nuevo?" suspiré, y sacudí la cabeza. Sólo sonreíste mansamente y dijiste: "Adiós, mamita!".

En la tarde hice llamadas por teléfono mientras jugabas en tu habitación, cantabas y actuabas con todos tus muñecos alineados alegremente sobre la cama. Irritable, te hice señas para que te callaras y dejaras de hacer ruido, y luego procedí a pasar otra hora ocupada en el teléfono.

"Haz tus deberes ahora mismo", te ordené luego como un sargento, "y deja de perder el tiempo". "Está bien, mamá", dijiste apenado, acomodándote en tu escritorio con el lápiz en la mano. Luego en tu habitación se hizo silencio.

A la tarde, cuando estaba trabajando, te acercaste vacilante. "Mamita, ¿me lees un cuento esta noche?", preguntaste con una vislumbre de esperanza. "Esta noche no", te respondí abruptamente, "¡tu habitación está desordenada! ¿Cuántas veces tengo que recordártelo?". Te fuiste con la cabeza gacha y te dirigiste a tu habitación. Poco después regresaste, atisbando por la puerta. "¿Qué quieres ahora?", pregunté agitada.

No dijiste una palabra, sólo entraste saltando a la habitación, me pusiste los brazos alrededor del cuello y me diste un beso en la mejilla. "Buenas noches, mamita, te amo", fue lo único que dijiste, y me apretaste muy fuerte. Luego, tan rápido como habías entrado, desapareciste.

Permanecí con los ojos fijos en mi escritorio largo rato, sintiendo que una oleada de remordimiento me invadía. ¿En qué momento había perdido el ritmo del día, me preguntaba, y a qué costo? No habías hecho nada para ponerme en ese estado de ánimo. Sólo te portabas como un niño, ocupado en crecer y aprender. Yo pasé el día entero sumida en el mundo adulto de las responsabilidades y las exigencias, y tenía poca energía para darte. Hoy fuiste mi maestro, con tu impulso irrestricto de entrar y darme un beso de las buenas noches, incluso después de una jornada difícil en la que procuraste no molestarme.

Y ahora, cuando te miro dormir profundamente, anhelo que el día comience de nuevo. Mañana me trataré a mí misma con la comprensión que tú me has demostrado hoy, para ser una verdadera mamá, ofrecerte una cálida sonrisa cuando despiertes, una palabra de ánimo después de la escuela, un cuento divertido antes de irte a la cama.

Reiré cuando rías y lloraré cuando llores. Recordaré que eres un niño, no un adulto, y disfrutaré por ser tu madre. Tu espíritu animoso me ha tocado y por eso en esta hora tardía vengo a ti para agradecerte, querido hijo, mi maestro y amigo, el regalo de tu amor.

Diane Loomans

Escapar

Un día muy agitado, cuando mi esposo y yo estábamos ocupados en muchas cosas, tuvimos que reprender a nuestro hijo de cuatro años, Justin Carl, por hacer travesuras. Después de varios intentos, George, mi esposo, le ordenó que se parara en el rincón. Permaneció en silencio, pero no parecía muy contento. Después de algunos momentos, finalmente dijo:

—Voy a escaparme de casa.

Mi primera reacción fue de sorpresa, y sus palabras me enojaron.

—¿De veras vas a hacer eso? —le pregunté. Pero al darme vuelta para mirarlo parecía un ángel, tan pequeño e inocente y con su expresión tan triste.

Sentí un dolor en el corazón, y recordé una situación de mi infancia en la que había pronunciado las mismas palabras; creía que no me amaban y me sentía muy sola. Él estaba diciendo mucho más de lo que expresaban sus palabras. Desde su interior, nos gritaba: "No se atrevan a ignorarme. Por favor, ¡préstenme atención! Yo también soy importante. Háganme sentir que me quieren, que me aman incondicionalmente y me necesitan".

—Está bien, Jussie, puedes escapar de casa —susurré con ternura mientras seleccionaba su ropa—. Necesitarás pijamas, tu abrigo...

—Mamá —dijo—, ¿qué haces?

—También necesitaremos mi abrigo y mi camisa de dormir.

Empaqué estas cosas en una bolsa y las coloqué en la puerta.

—Bien, Jussie, ¿estás seguro de que quieres escaparte de casa?

—Sí, pero ¿adónde te vas tú?

—Pues si vas a escapar de la casa, mamá irá contigo, porque no quiero que estés nunca solo. Te amo demasiado, Justin Carl.

Nos abrazamos.

—¿Por qué quieres venir conmigo? —me inquirió.

Lo miré a los ojos.

—Porque te amo, Justin. Mi vida nunca sería igual si te marcharas. Y deseo asegurarme de que estarás bien. Si te vas, iré contigo.

—¿Puede venir papá?

—No, él debe quedarse en casa con tus hermanos, con Erickson y Trevor. Tendrá que trabajar y cuidar de la casa cuando no estemos.

—¿Puede venir Freddi (el ratón)?

—No, Freddi también debe quedarse aquí.

Pensó un rato y dijo:

—Mamá, ¿podemos quedarnos en casa?

—Sí, Justin, podemos quedarnos.

—¿Sabes una cosa, mamá?

—¿Qué, Justin?

—Te quiero mucho.

—Yo también, cariño. ¿Me ayudas a hacer unas palomitas de maíz?

—Bueno.

En aquel momento comprendí que me había sido dado el maravilloso don de la maternidad, y que la sagrada responsabilidad de ayudar a desarrollar la seguridad y la autoestima de un niño no es algo que deba tomarse a la ligera. Comprendí que en mis brazos sostenía el don precioso de la infancia; una bella pieza de barro que se mostraba dispuesta y gustosa a que la mimaran y la moldearan hasta crear una maravillosa obra de arte, un adulto confiado. Aprendí que como madre nunca debía dejar "escapar" la oportunidad de mostrarles a mis hijos que eran queridos, importantes, y el más precioso don de Dios.

Lois Krueger

Tomando un descanso

Ser una mujer que trabaja puede resultar duro, pero tener un empleo e hijos lo es aún más.

Hay un relato acerca de una madre de tres chicos muy activos que una noche jugaban a los policías y ladrones en el jardín después de la cena.

Uno de los niños le "disparó" a su madre y gritó:

—¡Bang!, estás muerta.

Ella se deslizó hacia el suelo y, como no se incorporó de inmediato, uno de sus vecinos acudió a ver si se había lastimado en la caída.

Cuando el vecino se inclinó sobre ella, la madre, agotada, abrió un ojo y le dijo:

—Shhh. No me delates. Es la única oportunidad que tengo de descansar.

The Best of Bits & Pieces

Día de graduación

Una madre no es una persona en quien podemos apoyarnos, sino alguien que vuelve innecesario el apoyo.

Dorothy Canfield Fisher

Hoy Cathy irá al jardín de infantes. Cathy es mi hija menor y siento nostalgia. Si tuviera el valor de admitirlo, diría que estoy triste y un poco atemorizada. ¿Por qué me siento así? No me sentí triste cuando Renata, su hermana mayor, fue a la escuela. Por el contrario, me sentía entusiasmada y su nueva libertad me alegraba.

Parece que fue ayer cuando Cathy era un bebé tranquilo y contento. Siempre fue una dicha tenerla. Jugaba silenciosamente con sus animales de peluche o con el perro de la casa. A ella y al perro les encantaba esconderse juntos debajo de la tienda de campaña que yo fabricaba con una frazada sobre una silla.

Su vida y la mía cambiarán ahora dramáticamente. Ella pasará a formar parte del mundo exterior. Para mí será más difícil protegerla de los golpes y heridas de la vida.

Quizás yo me sienta sobreprotectora porque a Cathy le

diagnosticaron una extraña enfermedad a la edad de tres años. Nadie en la familia lo sabía y ni siquiera notaron una diferencia en ella.

Me dispongo a salir de la cocina y a despertar a Cathy para su gran día. Pero ya viene, con los ojos brillantes y sonrisas, su nueva falda roja plisada y su blusa. Me abraza con fuerza mientras nos damos los buenos días.

—Buenos días, ¡madrugaste!— la saludo.

—Buenos días, mamá—, murmura entre mi delantal en medio de su abrazo—. Mira, me vestí sola e incluso me cepillé el cabello. —Orgullosa, gira en una pirueta para mostrarme. Pero no he podido ponerme esta cinta. Me entrega el cepillo, la banda de caucho y una cinta roja. Estoy asombrada de su eficiencia esta mañana.

Mientras me ocupo de su cabello y de la cinta, le pregunto de nuevo: —¿Quieres que hoy te acompañe hasta la escuela, por ser tu primer día?

Recibo la misma respuesta de ayer: —No, mamá, puedo llegar sola. Renata, Leslie y yo caminamos hasta la escuela ayer, y me mostraron cómo encontrar el sendero que pasa por el bosque y termina directamente en el jardín de la escuela. Y sabes, ya han terminado y todo está nuevo el tobogán, los columpios, las canastas. ¡Será maravilloso!

Mi respuesta a su entusiasmo es, —No te muevas para que pueda anudar la cinta.

Luego la empujo con suavidad hacia la mesa. Se desliza rápidamente en la silla y ataca su desayuno. Me vuelvo hacia los estantes de la cocina y respiro profundamente, pero esto no disuelve el nudo en mi garganta ni el dolor en mi pecho.

Miro el reloj. —No puedes irte antes de las 8:30, así que tranquilízate y come bien.

En pocos minutos ha terminado hasta la última gota de leche. Sin que se lo diga, sale a cepillar sus dientes y regresa con su saco.

—¿Ya es hora de ir?— me ruega.

—Cuando la manecilla llegue a las seis— respondo, señalando el reloj.

Me aventuro a decir por enésima vez:

¿Estás segura de que no quieres que te acompañe a la escuela?

—No, mamá, quiero ir sola. Sale al patio a llamar al perro y lo busca en el jardín.

—¿Ya es hora? Salta de arriba abajo. Con un suspiro, digo:

—Sí, cariño.

Le doy un fuerte y largo abrazo y sale corriendo escaleras abajo hasta la puerta. Desde lo alto, puedo mirar por la ventana. Está corriendo por la vereda. De repente se detiene, se vuelve, y regresa corriendo a casa. "Oh, no", pienso, "creo que debo cambiar mis pantuflas por unos zapatos". Parece que, después de todo, iré a la escuela.

La puerta principal se abre de un golpe y sube las escaleras volando, para echarme sus brazos al cuello y apretar su mejilla contra mi vientre. Al finalizar el largo abrazo, me mira a los ojos y dice con seriedad:

—Estarás bien, mamá. Regreso a casa al mediodía—.

Y sale corriendo de nuevo a su nuevo mundo de aventuras escolares, entusiasmada y feliz de haberse graduado de bebé. Mis ojos nublados la siguen hasta el final de la calle. Se vuelve de nuevo, sonríe y se despide con la mano. Yo me despido también y encuentro que ahora puedo sonreír.

El nudo en mi garganta se ha disuelto al pensar en su despliegue de amor. Sí, estaré bien mientras emprenda mis propias aventuras. También para mí es un día de graduación.

Mary Ann Detzler

Dar el don de la vida

Hace poco abriste los ojos, pero ahora sólo quieres dormir. Quisiera que abrieras los ojos y me miraras. Mi hijo, mi tesoro, mi ángel enviado del cielo... será la última vez que estemos juntos. Mientras te abrazo y siento tu pequeño cuerpo cálido contra el mío, te miro y te miro... siento como si mis ojos no pudieran saciarse de ti. Eres un ser humano tan pequeño, pero hay mucho de ti para mirar... en tan poco tiempo. En unos pocos minutos vendrán y te apartarán de mí. Pero ahora es nuestro tiempo de estar juntos y me perteneces sólo a mí.

Tus mejillas están lastimadas por el parto... las siento tan suaves en mis dedos, como las alas de una mariposa. Tus cejas están fruncidas por la concentración... ¿estás soñando? Tienes demasiadas pestañas para contarlas y sin embargo, deseo grabarlas a todas en mi mente. No quiero olvidar nada de ti. ¿Es normal que respires tan rápido? No sé nada acerca de bebés; quizá nunca lo sepa. Pero de algo estoy segura: te amo con todo mi corazón. Te amo tanto y no tengo forma de decírtelo. Espero que algún día comprendas. Te voy a regalar porque te amo. Quiero que tengas en tu vida todas las cosas que nunca pude tener en la mía: seguridad, compasión, alegría y aceptación. Quiero que te amen por lo que eres.

Quisiera volver a tenerte dentro de mí, no estoy preparada para dejarte ir. Si pudiera abrazarte así por siempre y nunca enfrentar el mañana... ¿estaría todo bien? No. Sé que todo sólo estará bien si te dejo ir. No esperaba sentirme así... no sabía que serías tan bello y perfecto. Siento como si me arrancaran el corazón del cuerpo. No sabía que sentiría tanto dolor.

Mañana vendrán tus padres al hospital para llevarte y comenzarás tu vida. Rezo para que me hablen de ti. Espero que sepan qué valiente he sido. Espero que te digan cuánto te he amado, porque yo no estaré ahí para decírtelo. Todos los días lloraré en algún lugar dentro de mí, por lo mucho que te extraño. Espero verte de nuevo alguna vez, pero quiero que crezcas fuerte y bello y que tengas todo lo que desees. Quiero que tengas un hogar y una familia. Quiero que algún día tengas tus propios hijos y que sean tan bellos como tú. Espero que trates de comprender y no me guardes rencor.

La enfermera entra a la habitación y te tiende los brazos. ¿Debo dejarte ir? Siento tu corazón que late con rapidez y finalmente abres los ojos. Me miras con confianza e inocencia y unimos nuestros corazones. Te entrego a la enfermera. Siento que podría morir. Adiós, mi bebé... un pedazo de mi corazón estará siempre y por siempre contigo. Te amo, te amo, te amo...

Patty Hansen

El Día de la Madre

Un día, cuando tenía cerca de treinta años, me encontraba en una iglesia del Medio Oeste y de pronto rompí a llorar. Era el Día de la Madre y señoras de todas las formas y tamaños, jóvenes y ancianas, eran aplaudidas por sus familias y por la congregación. Cada una de ellas recibió una linda rosa y regresó a su reclinatorio, donde yo me encontraba con las manos vacías. Con pena en el alma, estaba convencida de que había perdido la oportunidad de esa gran aventura, de pertenecer a esa selecta hermandad de las "madres".

Todo esto cambió un mes de febrero, cuando cercana ya a los cuarenta años y empujando con todas mis fuerzas di a luz a Gabriel Zacarías. Me tomó veinticuatro horas de parto producir aquel pequeño bulto de felicidad de menos de tres kilos. ¡Con razón recibían flores aquellas señoras!

Cualquier madre que ha sobrevivido a un parto se maravilla de estar dispuesta a pasar por otro. Jordan Rafael nació en marzo del año siguiente. Era más pequeño y el parto fue más breve, pero, de cualquier manera, me merecía las flores.

La hermandad a la que me uní exige muchísimo trabajo.

Durante nueve meses tenemos antojos de comidas extrañas que no podemos mantener en el estómago; ganamos peso de una forma inexplicable; caminamos como si fuéramos en parte búfalos y en parte patos; necesitamos construcciones especiales de almohadas a la hora de ir a la cama para sostener el bulto y llenar el vacío, pero a la vez para evitar la presión en la vejiga; extensas estrías culminan en un parto insoportablemente doloroso.

Con el parto, ese período termina, pero la incorporación a la gran hermandad apenas comienza. Los dolorosos tirones en las cuerdas del corazón exceden en mucho todos los dolores físicos que hayamos soportado. La primera vez que mi hijo mayor se cortó y sangró, sus fiebres altas, su larga lucha contra la neumonía; el terror de mi hijo menor a los perros que ladran, su milagrosa salvación de un accidente de automóvil, la muerte de su mascota.

Aun cuando el período de iniciación parece demasiado largo, nunca termina. Me despierto cuando mis hijos tosen. Escucho caer a sus osos de peluche con un golpe suave al lado de su cama. En el mercado respondo a los niños que llaman "¡Mamá!"... ¡y luego comprendo que no son mis hijos!

Ya he superado la etapa de dejar el biberón, aprender a usar el baño, el primer día de escuela y la visita al odontólogo. Pronto vendrán los enamoramientos, las decepciones amorosas y la primera vez al volante del auto. Espero verlos algún día casados y felices con sus propios hijos. Ingresaré entonces a la hermandad aún más selecta de las "abuelas".

Por ahora, la contraseña para entrar a mi corazón es "mamá" y les agradezco a mis hijos por ello. Especialmente en los días de su cumpleaños, y en particular el domingo especial que se les dedica a las madres. Mis hijos no comprenden cuánto aprecio esta extraordinaria pertenencia a la cofradía y no la celebran con flores a menos que yo se lo pida. Sin embargo, cada vez que damos un paseo, me cortan un capullo, "sólo porque sí".

Este año aguardo con ilusión el Día de la Madre: la divina realización de lo físico, la gran aceptación de lo común, la exquisita gratitud de ver cómo ellos desarrollan su propia y única personalidad. Gracias a Gabriel y a Jordan, soy un miembro del Club que nunca deja de pagar sus cuotas ni de llevar consigo su tarjeta. ¡Feliz Día de la Madre para mí!

Sharon Nicola Cramer

6

MOMENTOS
ESPECIALES

*Hoy sale un nuevo sol para mí; todo vive,
todo está animado, todo parece hablarme
de mi pasión, todo me invita a atesorarla...*

Anne de Lenclos

Apurada

El trabajo puede esperar mientras muestras al niño el arco iris, pero el arco iris no esperará a que termines el trabajo.

Patricia Clafford

Estaba apurada.

Entré corriendo al comedor con mi mejor traje, dispuesta a preparar la reunión de la tarde. Gillian, mi hijita de cuatro años, bailaba al son de una de sus canciones favoritas, "Cool", la melodía de *West Side Story*.

Yo estaba apurada, a punto de llegar tarde. Sin embargo, una vocecita en mi interior me dijo, "Detente".

Entonces me detuve. La miré. Extendí la mano, tomé la suya y la hice girar. Mi hijita de siete años, Caitilin, entró en nuestra órbita y también la tomé de la mano. Las tres danzamos frenéticamente alrededor del comedor y el salón. Reíamos y girábamos. ¿Los vecinos verían esta locura por la ventana? No importaba. La canción terminó en forma espectacular y con ella nuestro baile. Les di unas palmaditas y las envié a bañarse.

Subieron las escaleras tratando de recobrar el aliento

mientras sus risas rebotaban en las paredes. Regresé a mi trabajo. Estaba inclinada intentando guardar todos los papeles en el maletín, cuando escuché que mi hija menor le decía a su hermana:

—Caitlin, ¿mamá es la más mejor, verdad?

Quedé de una pieza. Cuán cerca había estado de pasar apurada por la vida y perderme este momento. Mi mente se dirigió a los premios y diplomas que cubren las paredes de mi oficina. Ningún premio, ningún logro que haya obtenido pueden igualar a ese "¿Mamá es la más mejor, verdad?".

Mi hija lo dijo a la edad de cuatro años. No espero que lo diga a los catorce. Pero espero que lo diga de nuevo cuando tenga cuarenta y se incline sobre una caja de pino para despedirse de la envoltura desechable de mi alma.

"¿Mamá es la más mejor, verdad?" No puedo ponerlo en mi *curriculum vitæ*, pero quiero grabarlo sobre mi tumba.

Gina Barrett Schlesinger

Un gran acto de bondad

Si puedo impedir que un corazón se rompa
No habré vivido en vano;
Si puedo aliviar el dolor de una vida
O mitigar una pena,
O ayudar a un gorrión desvalido
A regresar a su nido,
No habré vivido en vano.

Emily Dickinson

Era el Jueves de Gracias, nuestro "día designado" de servicio. Se trataba de una tradición familiar que había iniciado años atrás con mis dos hijas. El jueves era el día que salíamos al mundo para hacer una contribución positiva. Aquel jueves en particular no sabíamos con exactitud qué haríamos, pero sí que algo habría para hacer.

Mientras conducía a lo largo de una calle congestionada, rezando por que nos guiaran en nuestra búsqueda para realizar nuestro Acto de Bondad semanal, llegó la hora del mediodía y se desencadenó el hambre. Mis hijitas no perdieron un momento para hacérmelo saber, repitiendo sin cesar el nombre de su restaurante preferido. Empecé a buscarlo y, de repente, advertí que en cada intersección de calles que dejábamos atrás había un pordiosero. ¡Entonces comprendí! Si mis hijas tenían hambre, todos esos mendigos también debían tenerla. ¡Perfecto! Nuestro Acto de Bondad se había presentado. Compraríamos comida para los pordioseros.

Después de hallar el restaurante, pedimos dos hamburguesas para mis niñas y quince almuerzos más. Luego nos dispusimos a entregarlos. Fue maravilloso. Nos acercábamos a un mendigo, le dábamos una limosna y le deseábamos que todo fuera mejor. Luego le decíamos:

—¡Ah! a propósito... aquí tienes tu almuerzo.

Y partíamos hacia la siguiente intersección.

Era la mejor forma de dar. No había tiempo suficiente para presentarnos ni para explicar qué haríamos, como tampoco para que nos respondieran. El Acto de Bondad era anónimo y nos fortalecía a cada una; estábamos felices con lo que veíamos por el espejo retrovisor: una persona sorprendida y dichosa que sostenía la bolsa del almuerzo mientras nos miraba partir. ¡Era maravilloso!

Cuando llegamos al final de nuestra "ruta", encontramos a una mujer pidiendo limosna. Le entregamos nuestra última contribución y su almuerzo, y de inmediato giramos para regresar a casa. En ese momento, infortunadamente, cambió el semáforo y nos detuvo allí, donde se encontraba la mujer. Me sentía incómoda y no sabía cómo comportarme. No quería que se sintiera obligada a decir o hacer algo.

Se aproximó a nuestro auto, así que cuando comenzó a hablar bajé el vidrio.

—Nadie antes ha hecho algo así por mí —dijo asombrada.

—Me alegra que hayamos sido los primeros —le respondí. Estaba molesta y quería abreviar la conversación. Le pregunté: — ¿Y cuándo piensas almorzar?

Me miró con sus enormes ojos cansados y respondió:

— Mi amiga, yo no voy a comerme *este* almuerzo.

Me sentí confundida, pero antes de que pudiera decir nada, prosiguió:

—Tengo una hijita en casa y *adora* las hamburguesas, pero nunca puedo comprarle una porque no tengo dinero. ¡Pero esta noche tendrá su hamburguesa!

No sé si mis hijas advirtieron las lágrimas en mis ojos. Muchas veces me había preguntado si nuestros Actos de Bondad era tan pequeños e insignificantes que no tendrían ningún efecto. Sin embargo, en aquel momento, reconocí la verdad de las palabras de la Madre Teresa: "No podemos hacer grandes cosas, sólo podemos hacer pequeñas cosas con gran amor".

Donna Wick

El último frasco de mermelada

Nuestros hijos crecieron comiendo emparedados de mantequilla de maní y mermelada. Incluso mi esposo y yo, tarde en la noche, nos comíamos uno con un vaso de leche. Creo que el propio conde de Sandwich estaría de acuerdo conmigo en que el éxito de esta combinación universalmente aclamada no reside en la marca de la mantequilla de maní que se utilice, sino en la mermelada. La adecuada deleita el paladar y la mejor es la casera.

En esta familia, no era yo quien hacía la mermelada, sino mi suegra. No suministraba tampoco gran variedad de sabores: eran de uva o de mora. Esta limitada opción constituía un alivio bienvenido en los días en que estábamos rodeados por niños pequeños, sus hermanitos y los cachorros. Cuando era necesario tomar a cada momento otras decisiones, los emparedados de mantequilla de maní y mermelada facilitaban el asunto. Y como nos agradaban ambos sabores, por lo general tomábamos el frasco que se encontrara más próximo en el refrigerador o la alacena.

Mi único aporte a la preparación de la mermelada era guardar los frascos vacíos de la comida del bebé, que mi suegra llenaba con la sabrosa jalea, sellaba con cera y nos enviaba a casa. Durante los últimos veintidós años de mi vida de casada, cuando deseaba preparar un emparedado de mantequilla de maní y mermelada para mí, mi esposo o los niños, lo único que tenía que hacer era alcanzar uno de aquellos potecitos. Nunca faltaba. Preparar mermeladas era para mi suegra sencillamente un modo de vida. Siempre lo hacía siguiendo el mismo rito, desde recolectar las frutas hasta colocar el frasco de mermelada en las repisas artesanales de su pequeña alacena, al lado de la cocina.

Mi suegro falleció varios años atrás, y mi suegra también murió en diciembre pasado. Entre las cosas de su casa que sus hijos debían repartirse estaban las conservas de su alacena. Cada uno eligió entre los muchos frascos de jugo de tomate, habichuelas y mermelada. Cuando mi esposo trajo a casa los frascos que le correspondieron, los colocamos cuidadosamente en la alacena.

El otro día saqué mermelada para hacer de prisa un emparedado, y allí estaba. En el extremo de la repisa, solo, había un pequeño frasco de mermelada de uva. La tapa estaba un poco oxidada en los bordes. Sobre ella estaba escrito con un marcador "U" (por "uva"), y el año en que había sido preparada.

Cuando levanté el frasco, de repente vi algo que nunca había observado. Abrí la puerta de la alacena de nuevo para asegurarme. Sí, éste era el último frasco de "mermelada de la abuelita". Podríamos comprar mermelada en la tienda del barrio, pero éste era el último proveniente de las manos pacientes y amorosas de mi suegra. Aun cuando había fallecido casi un año antes, mucho de ella permanecía con nosotros. Casi nunca abríamos un frasco en la mesa del desayuno sin bromear acerca de los miles que había llenado. Nuestros hijos nunca habían pasado un día sin la mermelada de su abuela. Parece algo insignificante, y la mayor parte del tiempo se lo daba por sentado, pero ese día sentí que era un gran tesoro.

Al sostener el último pote en la mano, mi corazón viajó al momento en que conocí a mi suegra. Podía verla llorando el día de nuestra boda, y luego besando y amando a nuestros hijos como si no tuviese otros cinco nietos. Podía verla caminando por los campos de la hacienda, aguardando con paciencia mientras otros atendían el ganado. Podía verla paseando por los bosques o en la carreta de heno, detrás del tractor. Recordaba su rostro sorprendido cuando nos encontramos con ella en la iglesia. La veía cuidando de su esposo enfermo y rodeada por sus hijos cariñosos durante el funeral.

Coloqué la mermelada de nuevo en la alacena. Ya no era sólo un frasco de mermelada, sino el final de una tradición familiar. Supongo que creí que mientras permaneciera allí, una parte de mi suegra continuaría con vida.

Tenemos muchos objetos que pertenecieron a los padres de mi esposo. Hay pistolas, herramientas, sacos y chales tejidos a mano, amén de algunos muebles. Tenemos cientos de fotografías y muchos más recuerdos. Esperamos que sobrevivan al paso del tiempo y poder legarlas a nuestros hijos. Pero todavía no estoy preparada para renunciar a este último frasco de mermelada, y a todos aquellos recuerdos a los que su sola presencia me permite aferrarme. El frasco de mermelada no durará mucho tiempo. Tendremos que comerla o tirarla... pero no hoy.

Andy Skidmore

Un cuento de Navidad

Faltaban pocos días para la Navidad, y las compras en el centro de la ciudad comenzaban a irritarnos. Recuerdo las muchedumbres que aguardaban con impaciencia los lentos ómnibuses y tranvías en aquellas pequeñas islas de cemento en medio de la calle. La mayoría de nosotros estábamos cargados con paquetes, y parecía como si muchos comenzáramos a preguntarnos si todos esos incontables amigos y familiares merecían, en realidad, tantos regalos. No era el espíritu navideño con el que me habían educado.

Cuando por fin me encontré prácticamente arrastrada a los escalones de un tranvía atiborrado, la idea de estar allí como una sardina enlatada hasta llegar a casa fue más de lo que pude soportar. ¡Qué hubiera dado por un sitio para sentarme! Debía estar en algún tipo de sopor, exhausta, porque cuando la gente lentamente fue bajando, me tomó algún tiempo advertir que ya había lugar para respirar de nuevo.

Entonces vi algo con el rabillo del ojo. Un niño pequeño, de piel oscura —no podía tener más de seis o siete años— tiraba de la manga de una señora y le preguntaba:

—¿Quiere sentarse?

La condujo en silencio al sitio libre más cercano que encontró. Luego partió a buscar a otra persona cansada. En cuanto se desocupaba un nuevo asiento, se movía con rapidez entre la muchedumbre en busca de otra mujer cargada que necesitara con desesperación reposar sus pies.

Cuando finalmente sentí que me tiraban del brazo, me asombró la belleza de los ojos del niño. Me tomó de la mano y me dijo:

—Ven conmigo.

Creo que recordaré esa sonrisa por el resto de mi vida.

Puse mis paquetes en el suelo, llena de felicidad, y el pequeño emisario del amor se volvió de inmediato para ayudar a su próximo favorecido.

Como de costumbre, la gente que viajaba en el tranvía evitaba con cuidado mirarse a los ojos, pero ahora comenzaron a intercambiar tímidas miradas y sonrisas. Un hombre de negocios ofreció una sección de su diario al extraño que estaba a su lado; tres personas se inclinaron a devolver un regalo que se había caído al suelo. Y ahora hablaban unos con otros. Aquel niñito había cambiado tangiblemente algo... todos nos relajamos en una sutil sensación de calidez y disfrutamos de las últimas estaciones del viaje a lo largo de la ruta.

No advertí en qué momento se bajó el niño. Levanté la vista y ya había desaparecido. Cuando llegué a mi estación, prácticamente flotaba; deseé al conductor felices fiestas y vi las luces navideñas, que adornaban la calle de otra manera, fresca y novedosa. O quizá las veía ahora como lo había hecho tiempo atrás, con el mismo asombro maravillado con que las contemplaba de niña. Pensé: "Entonces, eso es lo que quiere decir *Y un niño los guiará...*".

Beverly M. Bartlett

¿Quién ganó?

En 1968, durante las Olimpíadas Especiales de pista y campo, presencié un bello ejemplo de bondad. Uno de los participantes era Kim Peek, un joven que había sufrido una lesión cerebral y se encontraba gravemente inválido. Competía en la carrera de las cincuenta yardas.

Kim corría contra otros dos atletas que sufrían de parálisis cerebral. Estaban en silla de ruedas; Kim era el único que corría. Cuando sonó el disparo de salida, Kim avanzó rápidamente delante de los otros dos. Les llevaba veinte yardas de ventaja y se encontraba a diez de la meta, cuando se volvió para mirar cómo iban los otros. La niña había hecho girar su silla de ruedas y se encontraba atascada contra el muro. El otro chico llevaba su silla de ruedas hacia atrás, con los pies. Kim regresó y empujó a la niña hasta hacerle atravesar la línea de llegada. El niño que avanzaba hacia atrás ganó la carrera. La niña llegó segunda. Kim perdió.

¿Perdió en realidad? La multitud que lo aplaudió de pie no lo pensó así.

Dan Clark

Las zapatillas de los Bush

Ya estaba nerviosa. Me encontraba haciendo fila en una de las cenas en la Casa Blanca —sí, esa Casa Blanca— y me disponía a saludar al señor Presidente y a la señora Bush; intentaba conservar mi sonrisa y pensar en algo inteligente para decir. Perdida en mis pensamientos, escuché la voz de mi esposo.

—Seguro, a Christine le fascinaría hacerle un par.

Levanté la vista justo a tiempo para ver al Presidente con la mirada fija en las zapatillas de mi esposo. Esas zapatillas de tenis oscuras, pintadas a mano, no eran lo que la mayoría de la gente consideraría el calzado apropiado para un traje de gala. Durante muchos años, mientras mi esposo, Wally Amos, se dedicaba a promover sus "famosas" galletitas de chocolate, yo creaba obras de arte únicas en su vestuario, incluyendo mis más recientes aventuras en materia de calzado.

Los segundos siguientes se han borrado de mi mente, pero lo cierto es que Wally había ofrecido que yo pintara un par de zapatillas de tenis para Bárbara, la esposa del Presidente. Mi primera reacción fue decirle:

—Gracias, cariño. Espero que quieras hacerte cargo de

todo el trabajo doméstico durante una semana, mientras me dedico a crear zapatillas de tenis para ejecutivos.

Luego le expresé mi presunción de que ésa había sido sólo una conversación ocasional, y que era muy amable de parte del presidente de los Estados Unidos haber prestado atención a las zapatillas de mi esposo. Sin embargo, una semana después llegó un paquete de la Casa Blanca por correo especial, con un par zapatillas de tenis de la primera dama para que yo los pintara y una nota que rezaba: "Haz lo mejor que puedas". "*¡Oh!*, pensé para mis adentros, *¡es para la primera dama!*"

Desde luego, cuando comprendí que la cosa era en serio, me entregué por completo a la tarea. Pinté figuras de Millie (el perro de los Bush), de los nietos, de libros (por el apoyo de la señora Bush a las campañas de alfabetización), de arco iris, soles, palmeras —en el interior, en los costados, sobre los cordones—. Cuando las envié de regreso a Washington, esas zapatillas eran ya obras de arte y me sentía orgullosa de ellas.

De repente me di cuenta de que esperaba el correo regularmente para saber cuál sería su reacción. Pocas semanas después recibí una cálida nota de la primera dama, en la que me agradecía profusamente y me decía cuán maravillosas eran sus zapatillas.

Pero allí no terminó todo. Meses más tarde, mi esposo regresó a la Casa Blanca para asistir a un almuerzo de bibliotecarios donde debía hablar la señora Bush. Justo antes del almuerzo, cuando supo que Wally estaría allí, la señora Bush pidió a uno de sus asistentes que trajera sus zapatillas de tenis mágicas. Se las puso, se tomó fotografías con Wally —él, desde luego, llevaba las suyas— y las conservó puestas durante la comida. Allí estaba la señora Bush, con su elegante traje de primera dama y sus zapatillas de tenis recién pintadas. Me emocioné de nuevo.

Mi esposo es muy simpático y nunca pierde una oportunidad de congraciarse. Esta vez, recibió mi agradecimiento por brindarme un recuerdo inolvidable. Espero que esas brillantes zapatillas color cereza todavía se encuentren en uno de los armarios de los Bush —esto es, si Millie, su perro, no las usa ahora como juguetes—.

Christine Harris-Amos

Leve como una pluma

Y me pareció que las cosas más bellas que existen llegaban con sencillez.

Edna St. Vincent Millay

Cuando estaba en quinto grado, mi pupitre se encontraba en la tercera fila desde la izquierda, segunda hilera. Permanecía con los brazos cruzados y los pies en el suelo. Todas las mañanas el pastor Beikman nos recitaba los mandamientos y aprendíamos a masticarlos, tragarlos y temerlos. Ésta fue la esencia de mi educación temprana: estudiar, memorizar, recitar. La escuela parroquial me habituó a uniformes y convenciones, a un mundo de programas curriculares donde los hombres eran apreciados y las mujeres eran invisibles. Los hombres descubrían nuevas tierras, explicaban las leyes del universo y escribían la Biblia. Pero fue una mujer la que despertó mi alma y me invitó a mirar profundamente la vida, a amar con sinceridad y a ver a Dios en todo.

Una mañana el pastor nos anunció que cambiaría de lugar de trabajo y abandonaría la escuela. Nos presentó a la profesora que habría de reemplazarlo, la señorita

Newhart, y una ola de entusiasmo llenó el salón. La señorita Newhart era una mujer alta, tenía un peinado que parecía una colmena, zapatos de plataforma y una falda corta que casi enseñaba sus rodillas. Se la veía poderosa y ligera a la vez. Sus manos, grandes y pecosas como el pecho de un gorrión, hacían al hablar ademanes tan amplios que llenaban el aire a nuestro alrededor. De una bolsa del tamaño de una maleta sacó una pluma para cada uno de nosotros y nos dijo que era un regalo de sus dueños originales, las aves, que desechan su plumaje sobrante y dejan atrás las cosas que ya no necesitan llevar consigo. Aquella mañana nuestro mundo cambió, y pronto habríamos de hacerlo nosotros también.

En la clase de historia, la señorita Newhart nos narró la historia de Cristóbal Colón. Los marineros, que habían navegado demasiado tiempo, se impacientaron y le exigieron llegar a algún puerto. Se hablaba de amotinamiento; se cuenta que Colón temió por su vida. Sin embargo, una mañana llegó flotando del cielo una pluma, indicio de que había tierra cercana. La señorita Newhart dijo que los marineros espiaban a las gaviotas que chillaban y giraban en el aire; de una manera bastante dramática, extendió los brazos y la piel rolliza y pecosa de sus tríceps tembló un poco. Cuando giró en círculos, su falda se agitó golpeando sus muslos y sus pies daban vueltas con rapidez. Pensé que ella también podría echarse a volar. Me ayudó a ver lo que debieron de haber visto aquellos marineros: aun en las cosas más insignificantes hay esperanza.

A la mañana siguiente, la bolsa de la señorita Newhart estaba hinchada en las costuras. Adentro se encontraba un afiche de *La Ultima Cena*, un pincel, un compás y un largo tubo. De éste sacó un dibujo en blanco y negro y lo pegó con tachuelas en el tablero de corcho. Era un círculo con un hombre adentro; tenía los brazos extendidos contra la circunferencia y los pies abiertos en la parte inferior; había dimensiones, figuras, diseños y números garabateados por toda la hoja.

—Da Vinci —dijo en un susurro— era algo más que un pintor. Estudiaba los temas hasta que los conocía bien a fondo: el hombre, la naturaleza, la ciencia, las matemáticas...

—¿Sabía algo de plumas?— pregunté. A la mujer del peinado de colmena le agradó mucho mi pregunta.

Pionero en la ciencia de la aerodinámica, Leonardo Da Vinci estudió las plumas. Cuando se la mira desde arriba, una pluma parece convexa, delicadamente arqueada hacia arriba y extendida, preparada para que el aire fluya sin resistencia a través de ella. Cuando se juntan varias plumas, como en un ala, crean una superficie de sustentación, que suministra la resistencia precisa mientras el aire se mueve entre ellas. La señorita Newhart, que era algo más que una profesora, y Da Vinci, que era algo más que un pintor, me mostraron cómo ver algo extraordinario en una cosa insignificante.

Más tarde, aquel mismo día, la señorita Newhart nos llevó fuera de la escuela a un prado cercano, lleno de maleza. Allí nos tendimos en el césped y cubrimos nuestros cuerpos con palos, hojas y tallos. Éstos se convirtieron en nuestros nidos, en ventanas para mirar el cielo. Ocultos allí aprendimos a estar en silencio, a descansar y observar, a permitir que los insectos caminaran sobre nosotros y siguieran su camino, a escuchar a las aves y estudiar sus movimientos.

A la tarde, la señorita Newhart siempre estaba en la puerta cuando salíamos. Nos tocaba a cada uno en el hombro y decía "Adiós" o "Dios te bendiga". Recuerdo que sus manos era leves y cálidas. A menudo me pedía que me quedara después de clase para ordenar las sillas, guardar los papeles arrugados y borrar la pizarra. Una de aquellas tardes llenas de gracia, compartí con ella un pensamiento que me preocupaba y que mantenía en secreto. Le dije que yo tal vez quería más a las aves que a Dios, lo cual era un pecado según los mandamientos. Mi profesora buscó en su congestionado escritorio, encontró su Biblia, la abrió en los Salmos y leyó: "Con sus plumas te cubre, y bajo sus alas tienes un refugio; su verdad es escudo y armadura". Escribió el versículo y me lo entregó. Todavía lo conservo. Yo no sabía qué significaba "armadura"—en realidad no tenía mucha importancia— pero algo despertó en lo más profundo de mí: había sido autorizada a amar las cosas profundamente, pues Dios estaba en todas las cosas y me las había dado. Camino a casa, aquella tarde, imaginé que podía volar. Corría a toda velocidad, con los brazos extendidos y las piernas detrás de mí, evitando las aceras como si fuera un pájaro.

Llevo un dije de oro alrededor de mi cuello, un pájaro, que me regalaron cuando era más joven. Las alas se han convertido en mi símbolo. Me recuerdan aquellas aceras sobre las que volé durante todos esos años y los caminos que recorrí desde entonces. Con el paso de los años, que también vuelan, yo misma me he convertido en algo parecido a una pluma: opongo menos resistencia a lo que me ofrece la vida y las presiones fluyen a través de mí con mayor facilidad. Como profesora, he guiado a los niños a través de las aguas a veces tormentosas de las fracciones, la ortografía y las dudas sobre sí mismos. Los he conducido a playas seguras cuando estaban perdidos. He aprendido a descansar en lugares tranquilos cada tanto, y a dejar atrás las cosas que ya no necesito llevar conmigo, como rencores, penas y nostalgias. Tengo una fuerza interior, una amable serenidad, y creo que ninguna "armadura" se atravesará en mi camino.

Melody Arnett

365 días

Según mis amigos y colegas, soy una persona responsable, educada, modestamente inteligente, organizada y creativa. Sin embargo, durante la mayor parte de mi vida adulta, catorce días de cada año me he sentido exactamente lo opuesto. ¿Cuál puede ser la causa?, se preguntarán. No se trata del síndrome premenstrual, sino de algo peor: la visita anual de mis padres. Estoy separada de ellos por 2.400 kilómetros 351 días al año, y me desempeño bastante bien en mi vida como esposa, madre, voluntaria y mujer de negocios. Pero la visita anual de mis padres es intensamente dolorosa para mí.

Es una vieja historia: la de la hija mayor que nunca logró satisfacer las expectativas de sus padres. A los ojos de los demás, tenía éxito en mis esfuerzos, pero no para mi padre. Y pasé la mayor parte de mi vida guardándole rencor por eso y, en lo más profundo de mi mente, sintiendo rencor también conmigo misma.

No sólo yo sufría durante las visitas de mis padres, sino todos los que me rodeaban. Mi dulce esposo, Dave, con quien llevamos treinta y dos años de matrimonio, ciertamente sufría conmigo. Semanas antes de la visita yo limpiaba la casa, importunaba a mi esposo para que hiciera pequeñas labores de reparación, compraba cortinas, almohadas y sábanas nuevas... y por lo general desequilibraba nuestro presupuesto familiar. Planeaba comidas sofisticadas, horneaba hasta llenar el congelador y perseguía a mis hijos diciéndoles que debían ordenar su habitación, tener buenos modales y no levantar la voz.

Durante la visita, una aureola de tensión permanente me rodeaba como un velo de gasa. (¡Quizás era más bien como una frazada de lana mojada!). Después, seguían noches enteras de discusión con mi esposo. Yo trataba de descifrar qué había dicho y qué no había dicho mi padre. Y lloraba hasta quedarme dormida, inconsolable, hija del rechazo y del agotamiento.

Treinta y dos años de matrimonio pueden tener sus altibajos, pero la *verdadera* prueba del amor de Dave fue que me ayudó a sobrevivir a aquellas visitas.

Cuando llegué a los cuarenta años, la inmortalidad (o la falta de ella) comenzó a asomar su irritante cabecita. Yo me había dedicado al estudio de la inmortalidad durante varios años, en una especie de investigación periférica. Era una parapsíquica escondida, que no estaba dispuesta a admitirlo públicamente. No obstante, cada año, en esos catorce días, mi espiritualidad me abandonaba y quedaba tan desnuda, indefensa y vulnerable como un párvulo.

Un día a mi padre le diagnosticaron la enfermedad de Parkinson. En poco tiempo, el dios de mi infancia, vital, inteligente y atlético, se convirtió en un anciano torpe, delgado y confundido.

El reloj se puso a correr más rápido que nunca para ambos, y comprendí que antes de que papá partiera de esta vida era preciso remendar nuestra relación rota y liberar mis sentimientos acerca de no haber satisfecho sus expectativas. Pero, ¿cómo? Había ensayado todo lo que se me había podido ocurrir. Lo único que me quedaba era perdonarlo.

Entonces lo hice. El solo hecho de decir en voz alta "Te perdono" cambió mi experiencia interior y convirtió las dudas sobre mí misma en serenidad. Me deshice de los "debería haber", "podría haber" y "desearía". Y en el proceso también me perdoné a mí misma.

Nunca le dije a mi padre que lo había perdonado, pero debió de ser evidente para él en algún nivel, porque nuestra relación cambió por entero.

Antes de morir, mi padre vino a visitarnos durante dos semanas, en agosto. Esta vez no hubo de mi parte limpiezas maniáticas, compra de sábanas ni tensión. Puesto que lo había perdonado, ahora podía hablar con él como un amigo y compañero, no como una hija resentida, decepcionada, herida. Hablamos acerca de su vida, su matrimonio, sus experiencias en la guerra, su amor por los árboles y animales.

Me confesó que admiraba mi intuición e inteligencia, cuánto le agradaba la sensación que experimentaba en nuestro hogar y que bello era nuestro jardín. Exploramos juntos algunas técnicas alternativas de sanación y él compartió conmigo algunos sucesos parapsíquicos sorprendentes que le habían ocurrido. Lo más asombroso fue que, por primera vez, me dijo que me amaba.

Mi padre nunca regresó a casa. Después de su fallecimiento, mi madre hizo un video con fotografías de la vida de mi padre acompañadas de música. Cuando levanto la vista de mi trabajo, veo la caja del video sobre la repisa. Nunca lo he mirado. Mi vida con mi padre duró dos semanas de agosto. Lo recuerdo sentado en la silla de mimbre en el pórtico, entre oleadas de sol y macetas llenas de flores, bromeando, hablando, compartiendo... y amándome.

Haberlo perdonado de modo total e incondicional me

trajo una paz que serenó mi alma y abrió la puerta a una vida que nunca soñé posible.

Ahora, además de ser esposa, madre, abuela y consejera psicológica, soy una *persona completa* los trescientos sesenta y cinco días del año.

Rosemarie Giessinger

Manchas de diferente color

—Cariño, alguien dejó su abrigo en el armario de tu madre —le dije a mi esposo.

El abrigo de imitación leopardo estaba en el fondo del armario, contra la pared, y se lo veía fuera de lugar entre toda esa ropa oscura. Me preguntaba quién podría esconder ropa en el armario de mi suegra. Nos encontrábamos allí para buscar su abrigo de invierno, pues estaba por salir del hospital después de haber sido internada de urgencia una semana antes.

—¿Abrigo? ¿Cuál abrigo?

Mi esposo levantó la vista del correo que estaba seleccionando. Saqué el abrigo y lo sostuve bajo la luz para que pudiera verlo.

—Oh, ése... Mamá lo compró hace años, cuando yo era niño... cuando estaban de moda. Incluso discutieron con mi padre acerca de él.

Pensé en la mujer a quien había conocido durante treinta años. Compraba sus trajes y pantalones de poliéster en grandes tiendas, llevaba sus cabellos grises envueltos en una redecilla y en la mesa elegía siempre la porción de carne más pequeña de la fuente. Yo sabía que no era el tipo de mujer extravagante que usaría un abrigo de imitación leopardo.

—No puedo imaginar a tu madre usando este abrigo —dije.

—Creo que nunca lo usó fuera de casa —respondió mi esposo.

Descolgué el abrigo, lo llevé hasta su cama y lo extendí sobre el cubrecama blanco de felpilla. Parecía un animal exótico estirado. Mis manos cepillaron la piel gruesa y afelpada, y las manchas cambiaban de color cuando mis dedos se hundían en la piel. Mi esposo me miraba desde la puerta de la habitación.

—Solía ver a mamá pasando los dedos sobre la piel como lo haces ahora —me dijo.

Deslicé mis brazos por las mangas; el abrigo tenía un perfume de gardenias y de sueños. Caía holgadamente desde mis hombros. Su alto cuello rozaba mis mejillas, la falsa piel era suave como el terciopelo. Pertenecía a una elegante época perdida, los días de Lana Turner y Joan Crawford, pero no al armario de la práctica mujer de 83 años que yo conocía.

—¿Por qué no me dijiste que tu madre tenía un abrigo de leopardo? —susurré, pero mi esposo ya se había ido a regar las plantas.

Si se me hubiera pedido hacer una lista de las cosas que mi suegra nunca habría deseado tener en la vida, este abrigo habría sido una de las primeras. Sin embargo, el haberlo encontrado cambió nuestra relación. Me hizo comprender qué poco sabía acerca de las ilusiones y sueños de esta mujer. Lo llevamos al hospital para que regresara con él a casa. Se sonrojó cuando lo vio, y se ruborizó aún más con las bromas amables del personal del hospital.

Los últimos tres años que compartimos le regalé perfumes,

lociones y maquillaje en lugar de cosas más razonables, como ropa interior y pantuflas. Almorzábamos juntas una vez por semana; ella usaba su abrigo y comenzó a enrularse el cabello de manera que luciera alto y elegante en nuestros encuentros. Mirábamos a menudo su álbum de fotografías y finalmente comencé a ver a la joven mujer, con la boca en forma de corazón, que estaba allí presente.

Ha vuelto la moda de las imitaciones de pieles. Se las ve en las vitrinas y por la calle. Cada vez que veo una, me recuerda el abrigo de mi suegra y que todos tenemos una personalidad secreta que debe ser promovida y compartida por nuestros seres queridos.

Grazina Smith

7

VIVE TU SUEÑO

Alicia rió. "No sirve intentarlo", dijo.
"No podemos creer en cosas imposibles".
"Me atrevo a decir que no has tenido mucha
práctica", dijo la Reina. "Cuando yo tenía
tu edad, lo hacía todos los días durante
media hora. Es más, a veces creía hasta seis
cosas imposibles antes de desayunar".

Lewis Carroll,
A través del espejo

El viento bajo sus alas

Mis mayores aspiraciones se encuentran allá lejos, iluminadas por el sol. Quizá no las alcance, pero puedo levantar la vista y contemplar su belleza, creer en ellas y tratar de seguirlas.

Louisa May Alcott

En 1959, cuando Jean Harper estaba en tercer grado, su profesora le dio de tarea escribir una composición sobre qué quería ser cuando fuese mayor. El padre de Jean era un piloto de fumigación en la pequeña comunidad agraria del norte de California donde ella creció, y Jean vivía totalmente fascinada con los aviones y con volar. Volcó su corazón en la composición e incluyó todos sus sueños; deseaba ser un piloto de fumigación, paracaidista, fertilizar las nubes (lo había visto en la televisión, en un episodio de "Rey del Cielo") y ser piloto comercial. Obtuvo la nota más baja por la composición. Su profesora le dijo que era un "cuento de hadas" y que ninguna de las ocupaciones a las que se refería eran trabajos para mujeres. Jean se sintió muy abatida y humillada.

Le enseñó la composición a su padre, y él le dijo que

desde luego podría ser piloto.

—Mira a Amelia Earhart —le dijo—. Esa profesora no sabe lo que dice.

No obstante, con el correr del tiempo, a Jean la afectó la falta de aliento y la negatividad que enfrentaba cuando hablaba acerca de su carrera. "Las mujeres no pueden ser pilotos comerciales; nunca lo han sido y nunca lo serán." "No eres lo suficientemente inteligente, estás loca." "Es imposible." Hasta que, finalmente, renunció.

En el último año de la escuela secundaria, su profesora de literatura se llamaba Dorothy Slaton. La señora Slaton era inflexible y exigente, tenía criterios muy altos de rendimiento y era poco tolerante con las excusas. Se negaba a tratar a sus estudiantes como niños; en lugar de ello, esperaba que se comportaran como los adultos responsables que deberían ser para tener éxito en el mundo real después de recibirse. Al principio Jean la temía, pero llegó a respetar su firmeza y equidad.

Un día, la señora Slaton dio como tarea una composición sobre el siguiente tema: "¿Qué crees que estarás haciendo dentro de diez años?". Jean pensó acerca del tema. ¿Piloto? Imposible. ¿Azafata? No soy lo suficientemente bella, nunca me aceptarían. ¿Esposa? ¿Quién querría casarse conmigo? ¿Camarera? Parecía que eso sí lo podría hacer. Parecía seguro, así que lo escribió.

La señora Slaton recibió los trabajos y no se habló más del asunto. Dos semanas más tarde, la profesora colocó los trabajos en cada pupitre, boca abajo, y preguntó:

—Si tuvieran recursos ilimitados, acceso ilimitado a las mejores universidades, talento y habilidades ilimitados, ¿qué harían? Escríbanlo de ese lado de la hoja.

Jean experimentó una oleada de su antiguo entusiasmo y escribió todos sus sueños de antaño. Cuando terminaron de escribir, la profesora preguntó:

— ¿Cuántos de ustedes escribieron lo mismo en ambos lados de la hoja?

Nadie levantó la mano.

Lo que dijo luego, inclinándose sobre su escritorio, cambió el curso de la vida de Jean:

— Les voy a decir un secreto a todos. Tienen talento y habilidades sin límite. Tienen acceso a las mejores universidades y pueden arreglárselas para conseguir recursos ilimitados si lo desean desesperadamente. ¡Es así! Cuando salgan de la escuela, si no tratan de concretar sus sueños, nadie lo hará por ustedes. Pueden tener lo que quieran, si lo desean intensamente.

El dolor y el temor de años de abatimiento se desmoronaron ante la verdad de lo que decía la señora Slaton.

Jean se sintió muy emocionada y un poco atemorizada. Permaneció un momento al final de la clase y se aproximó al escritorio de la profesora. Le agradeció sus palabras y le habló de su sueño de llegar a ser piloto. La señora Slaton se incorporó y golpeó el escritorio.

—Entonces ¡hazlo!— exclamó.

Y Jean lo hizo. No sucedió de un día para otro. Le llevó diez años de duro trabajo y de enfrentar una oposición que iba desde el callado escepticismo hasta la abierta hostilidad. No estaba en su carácter defenderse si alguien le negaba algo o la humillaba; más bien buscaba calladamente otra manera de llevar las cosas a cabo.

Se convirtió en piloto privado y luego obtuvo las calificaciones necesarias para conducir aviones de carga e incluso comerciales, aunque siempre como copiloto. Sus empleadores vacilaban francamente en promoverla, porque era mujer. Incluso su padre le aconsejó que buscara otro campo de trabajo.

—Es imposible —le dijo—. Deja de obstinarte en algo que no vas a lograr.

Pero Jean le respondió:

—No estoy de acuerdo, papá. Creo que las cosas van a cambiar, y quiero estar entre los primeros cuando eso suceda.

Jean Harper consiguió hacer todo lo que su profesora de tercer grado había calificado de "cuento de hadas": vuelos de fumigación, saltos en paracaídas e incluso fertilización de nubes durante un verano, como piloto participante en el programa de modificación del clima. En 1978 se convirtió en una de las tres primeras mujeres pilotos aceptadas para su capacitación en la aerolínea United Airlines y en una de las cincuenta mujeres pilotos de Estados Unidos en aquella época. Hoy es comandante de un Boeing 737 de United.

El poder de una palabra positiva y oportuna, una chispa de aliento de parte de una mujer a la que Jean respetaba, fue lo que le dio a aquella joven insegura la fuerza y la fe necesarias para perseguir su sueño. "Opté por creerle", dice Jean.

Carol Kline con Jean Harper

¿Qué quieres ser?

La imaginación es la cometa más alta que podemos echar a volar.

Laureen Bacall

Hace un par de semanas tuve uno de esos momentos afortunados. Estaba en la habitación cambiando a uno de los bebés cuando Alyssa, mi hija de cinco años, entró y tomó asiento a mi lado sobre la cama.

—Mamita, ¿qué quieres ser cuando crezcas? — me preguntó.

Supuse que se trataba de algún juego imaginario y decidí seguirle el juego. Respondí:

—Humm. Creo que me gustaría ser una mamá.

—No puedes ser eso, porque *ya* eres una mamá. ¿Qué quieres *ser*?

—Está bien, cuando crezca quiero ser clériga— respondí la segunda vez.

—Mamita, no, ¡*ya* lo eres!

—Lo siento, cariño —le dije— entonces no comprendo qué es lo que debo decir.

—Mamita, sólo tienes que decir qué quieres ser cuando

crezcas. ¡Puedes ser *cualquier cosa* que desees!

Para entonces, estaba tan conmovida por la experiencia que no pude responder de inmediato; Alyssa renunció y salió de la habitación.

Aquella experiencia, aquella diminuta experiencia de cinco minutos, tocó algo en lo profundo de mí. Me conmovió, porque a los ojos de mi niña, ¡todavía puedo ser *cualquier cosa* que desee! Mi edad, mi carrera religiosa, mis cinco hijos, mi esposo, mis títulos universitarios: *nada de eso importaba*. A sus ojos de niña todavía podía soñar y tratar de alcanzar las estrellas. A sus ojos de niña, mi futuro no había terminado. A sus ojos de niña todavía podía ser astronauta, pianista o incluso cantante de ópera. A sus ojos de niña todavía me faltaba crecer y disponía de mucho "ser" en mi vida.

La verdadera belleza de este encuentro con mi hija se me hizo evidente cuando comprendí que, en su honestidad e inocencia, le habría hecho exactamente la misma pregunta a sus abuelos y a su bisabuela.

Está escrito: "La anciana en que me convertiré será muy diferente de la mujer que soy ahora. Otro Yo comienza...".

Entonces... ¿Qué quieres *ser* cuando crezcas?

Rev. Teri Johnson

Extender las alas

Elévate, porque las estrellas están ocultas en tu alma. Sueña profundamente, porque cada sueño precede a la meta.

Pamela Vaull Starr

Como le ocurre a muchas otras niñas, durante mi adolescencia la confianza que tenía en mí misma era casi inexistente. Dudaba de mis capacidades, tenía poca fe en mi potencial y en mi valor como persona. Si obtenía buenas notas, creía que era pura suerte. Aun cuando hacía amigos con facilidad, me preocupaba que me llegaran a conocer de verdad porque entonces la amistad no duraría. Y cuando las cosas salían bien, pensaba simplemente que había estado en el lugar apropiado en el momento oportuno. Incluso rechazaba las alabanzas y los cumplidos.

Mis decisiones reflejaban esta imagen de mí misma. En mi adolescencia, atraje a un hombre que tenía la misma baja apreciación de sí mismo. A pesar de su carácter violento y de una relación muy inestable, decidí casarme con él. Aún recuerdo que mi padre, antes de llevarme al altar, me susurraba al oído: "Todavía no es demasiado tarde,

Susan. Puedes cambiar de idea". Mi familia sabía que estaba cometiendo un terrible error. A las pocas semanas yo también lo supe.

El maltrato físico duró varios años. Sobreviví a graves lesiones, estaba cubierta de moretones gran parte del tiempo y tuve que ser hospitalizada varias veces. Mi vida se convirtió en una pesadilla de sirenas de policía, informes médicos y presentaciones ante los tribunales de familia. Sin embargo, yo siempre reanudaba la relación, con la esperanza de que las cosas mejorarían.

Después de que nacieron nuestras dos hijas, había ocasiones en las que lo único que me mantenía viva hasta el día siguiente era sentir aquellos bracitos alrededor de mi cuello, sus redondas mejillas contra las mías y sus vocecitas infantiles diciendo: "Tranquilízate, mamita. Todo estará bien". Pero sabía que no lo estaría. Tenía que cambiar, si no por mí, al menos para proteger a mis hijas.

Entonces algo me dio el valor de hacerlo. A través de mi trabajo, tuve la oportunidad de asistir a una serie de seminarios sobre desarrollo personal. En uno de ellos, la conferencista habló acerca de convertir los sueños en realidad. Esto era difícil para mí —ni siquiera podía soñar con un futuro mejor—. Pero algo en su mensaje me llevó a escucharla con atención.

Nos pidió que consideráramos dos importantes preguntas: "Si usted pudiera ser, hacer o tener cualquier cosa en el mundo y supiera que es imposible fracasar, ¿qué elegiría? Y si pudiera crear su vida ideal, ¿qué se atrevería a soñar?". En aquel momento mi vida comenzó a cambiar, porque *comencé a soñar*.

Imaginé que tendría el valor de mudarme con mis hijas a un apartamento propio y empezar de nuevo. Imaginé una vida mejor para ellas y para mí. Soñé con convertirme en una conferencista motivacional internacional, para inspirar a otras personas como lo había hecho la directora del seminario conmigo. Me veía escribiendo mi historia para animar a otros.

Procedí a crearme una clara imagen visual de mi nuevo éxito. Me veía con un elegante traje rojo de negocios, llevando un maletín de cuero y subiendo a un avión. Era bastante para mí, pues en aquella época ni siquiera podía comprarme un traje.

Sin embargo, sabía que si decidía soñar, era importante incluir todos los detalles para satisfacer mis cinco sentidos. Entonces me dirigí a una tienda de artículos de cuero y probé como lucía con el maletín de cuero frente al espejo. ¿Cómo se me veía y qué sentiría yo? ¿A qué huele el cuero? Me probé algunos trajes rojos e incluso encontré la fotografía de una mujer que subía a un avión llevando un vestido rojo y un maletín de cuero. La colgué donde pudiera verla todos los días. Me ayudaba a mantener en pie mi sueño.

Pronto comenzaron los cambios. Me mudé con las niñas a un pequeño apartamento. Debido a mi bajo sueldo, comíamos mucha mantequilla de maní y conducía un auto destartalado. Pero, por primera vez, nos sentíamos libres y seguras. Trabajaba duro para avanzar en mi carrera de vendedora, centrándome todo el tiempo en mi "sueño imposible".

Un día respondí al teléfono y una voz al otro lado de la línea me pidió que hablara durante la conferencia anual que su compañía celebraría poco después. Acepté y mi discurso fue un éxito. Esto dio lugar a una serie de promociones y a la larga llegué a ser capacitadora de ventas a nivel nacional. Procedí a desarrollar mi propia empresa de conferencias y desde entonces he viajado a muchos países del mundo. Mi "sueño imposible" se ha convertido en realidad.

Creo que el éxito siempre comienza cuando extiendes tus alas: cuando crees en tu valor como persona, confías en tus intuiciones, te nutres y cuidas, tienes una meta y diseñas una estrategia personal. En ese momento, hasta los sueños imposibles se convierten en realidad.

Sue Augustine

La abuela Moses y yo

"Estoy demasiado vieja y es demasiado tarde", me repetía mentalmente una y otra vez. Me encontraba desanimada y exhausta después de haber puesto fin a mi matrimonio y a mi carrera de Derecho al mismo tiempo. A pesar de mi intenso deseo de convertirme en escritora, dudaba de mi capacidad para tener éxito en este campo. ¿Había perdido acaso años enteros persiguiendo objetivos equivocados?

Estaba muy deprimida, cuando una voz en la radio comenzó a narrar la historia de la Abuela Moses. Ann Mary Moses se marchó de su casa a los trece años, tuvo diez hijos y trabajó duro para educar a los cinco que sobrevivieron. Mientras luchaba por ganarse la vida en haciendas pobres, consiguió dar un poco de belleza a su vida bordando telas.

A los 78 años, sus dedos estaban demasiado rígidos como para sostener una aguja, pero en lugar de ceder a la debilidad, se dirigió al establo y se dedicó a pintar sobre los tablones, en brillantes colores, detalladas escenas de la vida rural. Al principio, las regaló o las vendió por monedas. Pero a los 79 años fue "descubierta" por el mundo del arte... y el resto ya es historia. Produjo más de dos mil cuadros, y terminó las ilustraciones del libro ´ *Twas the Night Before Christmas,* ¡a los 100 años!

Mientras escuchaba la radio, mi estado de ánimo cambió. Si la Abuela Moses pudo comenzar una nueva carrera y tener éxito pasados los ochenta años, mi vida todavía tenía esperanzas después de los treinta. Antes de que terminara el programa, había volado a mi computadora para ponerme a trabajar en la novela que casi tenía abandonada.

Fue publicada ocho meses después.

Liah Kraft-Kristaine

"Todos estamos aquí para aprender"

El futuro pertenece a quienes creen en la belleza de sus sueños.

Eleanor Roosevelt

—Dieciséis —respondí.

He olvidado la pregunta de aritmética que mi maestra de segundo grado, Joyce Cooper, me hizo aquel día, pero nunca olvidaré mi respuesta. En cuanto la pronuncié, toda la clase de esa escuela primaria llamada Smallwood, en Norfolk, estado de Virginia, rompió a reír. Me sentía la persona más estúpida del mundo.

La señora Cooper los miró con severidad. Luego dijo:

—Todos estamos aquí para aprender.

En otra ocasión, la señora Cooper nos pidió que escribiéramos una composición acerca de lo que deseábamos hacer con nuestra vida. Escribí: "Quiero ser una profesora como la señora Cooper".

Cuando me la devolvió, había agregado: "Serías una excelente profesora, porque eres decidida y te esfuerzas mucho". Llevé esas palabras en mi corazón durante los veintisiete años siguientes.

Después de graduarme de la escuela secundaria en 1976, me casé con Ben, un mecánico y un hombre maravilloso. Poco después nació Latonya.

Estábamos muy cortos de dinero. No era posible ir a la universidad ni ejercer la docencia. No obstante, terminé trabajando en una escuela como asistente del conserje. Cada día limpiaba diecisiete aulas en la escuela primaria Larrymore, incluyendo la de la señora Cooper. Se había trasladado allí cuando cerraron Smallwood.

Solía decirle a la señora Cooper que aún deseaba enseñar, y ella me repetía las palabras que había escrito en mi composición años atrás. Pero las cuentas siempre parecían impedirlo.

Un día, en 1986, pensé en mi sueño, en cuánto quería ayudar a los niños. Pero si quería hacerlo necesitaba llegar a la mañana como profesora, y no a la tarde para hacer la limpieza.

Hablé de ello con Ben y Latonya y lo decidimos: ingresaría a la universidad de Old Dominion. Durante siete años asistí a los cursos de mañana, antes de ir al trabajo. De regreso a casa, estudiaba. Cuando no tenía clases, trabajaba como asistente de la señora Cooper.

En ocasiones me preguntaba si tendría la fuerza necesaria para cumplir mis propósitos. Cuando me reprobaron en un curso, estuve a punto de abandonarlo todo. Mi hermana menor, Helen, no quería oír hablar de ello.

—Quieres ser profesora —me dijo—. Si te detienes, nunca realizarás tu sueño.

Helen sabía bien qué había que hacer para resistir: había estado luchando contra la diabetes. Cuando alguna de las dos se sentía abatida, me decía:

—Lo lograrás. Lo *lograremos*".

En 1987 Helen, quien sólo tenía veinticuatro años, murió de una disfunción renal producida por la diabetes.

Yo tenía que realizar mi sueño por ambas.

El 8 de mayo de 1993, mi sueño se hizo realidad: me gradué. Mi título universitario y la licencia estatal para enseñar me calificaban oficialmente para ser maestra.

Me presenté a entrevistas en tres escuelas. En la escuela primaria Coleman Place, la directora, Jeanne Tomlison, me dijo:

—Tu cara me resulta conocida.

Había trabajado en Larrymore más de diez años atrás. Yo solía limpiar su salón y me recordaba.

Sin embargo, no recibí ninguna oferta concreta. La llamada llegó cuando acababa de firmar mi contrato número dieciocho como asistente del conserje. Coleman Place me ofrecía un trabajo como maestra de quinto grado.

Poco después de comenzar, ocurrió algo que me hizo recordar de golpe todo el pasado. Había escrito en el pizarrón una frase llena de errores gramaticales, y pedí a los niños que se acercaran y los corrigieran.

Una niña había llegado a la mitad de la frase, se confundió y se detuvo. Las lágrimas rodaron por sus mejillas mientras sus compañeros se reían. La abracé y la envié por un vaso de agua. Luego, recordando a la señora Cooper, miré al resto de la clase con expresión severa.

—Todos estamos aquí para aprender —dije.

Charles Slack, como se lo relató Bessie Pender

Un cuarto propio

El libro de Virginia Woolf, *Un cuarto propio,* me llevó a buscar desde muy joven un lugar especial de paz y soledad. Mi alma anhelaba un bello terreno al lado de un lago donde pudiera respirar el aroma de los pinos, escuchar el susurro del viento en las copas de los árboles, contemplar el gran espejo de agua azul y perseguir mi sueño de escribir todo el día.

Al fin seguí los deseos de mi corazón y abandoné la carrera de Derecho para dedicarme a escribir libros; mis artículos estaban rindiéndome lo suficiente como para mantenerme. Las ventas de los libros y los compromisos para hablar en público también comenzaban a mejorar. La primavera estaba en el aire y yo reventaba de energía.

Durante un año pagué las cuotas de un bello terreno sobre un lago. Había sido un regalo del cielo: el precio era bajísimo. Instalé una carpa y me fascinaba dormir allí sobre mi propio pedazo de paraíso. Pero estaba preparada a avanzar. Aun cuando no tenía ahorros ni podía conseguir una hipoteca, quería construir una casa, un lugar propio.

Pero, ¿cómo? No conocía a nadie en toda la zona, con excepción del agente de la empresa inmobiliaria que me había vendido el terreno. No sabía nada acerca de las licencias, las leyes vigentes ni la construcción. Lo único que tenía era el intenso deseo de hacer un nido. Averigüé nombres de carpinteros en la ferretería local, hice algunas llamadas y di con dos que estaban interesados. Discutimos acerca del salario por hora; yo no tenía idea de cómo debían hacerse estas cosas.

A partir del plano que había esbozado para mi casa, estimé cuánta madera necesitaría. Contuve el aliento hasta que llegó, atemorizada de haber comprado demasiada o demasiado poca. Cavé hoyos, volqué el cemento, aserré madera para las paredes y usé mi nuevo martillo durante once horas seguidas el primer día. Las ampollas pronto se convirtieron en una parte natural del paisaje de mis manos.

A medida que la edificación alcanzaba su altura de dos pisos y medio, mi alegría se mezcló con el terror: tenía un intenso pavor por las alturas. Pero cuando los carpinteros me necesitaron en el andamio para colocar las tejas, hice a un lado las náuseas y realicé mi trabajo. Nadie más supo lo que había conquistado; nunca volví a sufrir ese temor.

Al cabo de cinco días, terminamos de colocar el tejado. Incluso sin paredes ni ventanas, parecía que al menos podría protegerme de la lluvia. Así, en una oleada de entusiasmo, me mudé con mi bolsa de dormir en medio de la madera y el aserrín, y permanecí sola con mi asombro, mi satisfacción y mis músculos adoloridos.

Durante muchos meses, aprovechando cada momento y cada dólar libre que tenía, completé las paredes y coloqué veintisiete ventanas, aprendiendo continuamente una mejor forma de hacer las cosas. Dondequiera que me encontrase y con independencia de lo que estuviera haciendo, planeaba obsesivamente mis pasos siguientes. Pero, ¡qué obsesión tan maravillosa!

Enfrenté luego los grandes retos del agua corriente y la electricidad. Todavía no podía pagar a profesionales para este trabajo, así que me compré varios libros y los estudié durante meses antes de emprender la nueva etapa del proyecto.

Mi trabajo inicial recibió la aprobación del inspector del distrito, pero sabía que ni siquiera él podría decirme si los tubos resistirían la presión del agua. Por fin llegó el momento de abrir la llave de paso. Si había cometido un error grave, la casa se inundaría.

Abrí la válvula exterior y corrí hacia adentro para escuchar el temido goteo del agua al caer sobre la madera. Caminé lentamente a lo largo de cada una de las paredes. Todo estaba en silencio. Arrobada, abrí todas las canillas y reí con fuerza. ¡Era un milagro tener agua corriente por primera vez después de un año de construcción! Y conocía cada codo de la tubería, porque yo misma la había instalado.

Como aumentaba la demanda por mis escritos, conseguí el dinero suficiente para instalar con profesionales el sistema sanitario y hacer la impermeabilización. Tres días antes de Pascua (un año y ocho meses después de haber cavado los primeros huecos para los pilares) puse la última baldosa de la cocina. Mi padre y mi madrastra vinieron para la cena de Pascua, la primera comida que preparé en mi diminuto horno, y celebramos el importante Certificado de Vivienda expedido por el inspector del distrito. Mientras contemplábamos el brillante lago azul y los pétalos blancos de los cerezos silvestres que embellecían el paisaje, mi corazón estaba tan rebosante que no podía ni hablar.

Mi sueño y yo hemos crecido juntos. Y así como yo estoy en remodelación permanente, también lo está esta casa. Mi sueño de un simple refugio se ha convertido en una casa con glorietas y galerías, donde puedo escribir y crear. Tengo mi nido, mi lugar de refugio y solaz.

He aprendido a armar cualquier cosa a partir de sus partes, vistas en el sueño. A apreciar los más insignificantes avances y mejoras. A perseverar cuando no hay soluciones a la vista. A construir en lugar de culpar a los demás. Esta aventura dará color al resto de mi vida, mientras sueño nuevos sueños y comienzo a construirlos.

Liah Kraft-Kristaine

Encuentro con Betty Furness

*P*or lo general las oportunidades se esconden
en el trabajo duro; es por eso que la mayoría de
la gente no las reconoce.

Ann Landers

Corría el año 1964, en el que los turistas compartieron el famoso muelle de Atlantic City con la Convención Nacional del Partido Demócrata.

En aquella época yo trabajaba como mesera en un restaurante conocido, además de criar cinco hijos y ayudar a mi esposo con nuestra nueva empresa, un semanario. Por consiguiente, a pesar del clima festivo y de las suculentas propinas que recibía, estaba sencillamente agotada y anhelaba que todo terminara. Una noche me aproximé sin mayor entusiasmo a una nueva clienta. La había visto abrir y cerrar puertas de una marca de refrigeradores en las propagandas de televisión de los años cincuenta. Era más delgada y delicada de lo que yo recordaba, pero su voz alegre y clara era inconfundible. La mujer que se disponía a cenar sola era Betty Furness.

Su calidez y amabilidad hicieron que superara el asombro

de estar atendiendo a un personaje. Supe que había venido a Atlantic City como periodista para informar sobre la Convención Demócrata Nacional desde el punto de vista de una mujer, para su programa diario en la radio. Cuando le traje la cuenta ya había reunido el valor suficiente y le pedí una entrevista para nuestro pequeño semanario local. Respondió invitándome a almorzar.

Dos días después, mientras me acercaba a su hotel, me sentía alternativamente feliz por mi buena suerte y nerviosa ante la perspectiva de entrevistar a una mujer que alguna vez había recibido mil trescientas cartas por semana de sus admiradores.

Conocía bastante bien a mi personaje. Fue modelo de Powers a los catorce años, actriz de cine a los dieciséis, y luego se convirtió en un éxito en las tablas. Pero era más conocida por su brillante carrera como la vendedora número uno del país. En todos los hogares, su nombre era sinónimo de la marca de electrodomésticos que ofrecía en su programa de televisión "Studio One".

Por ello su actitud durante la entrevista me resultó difícil de creer; no obstante, era el título perfecto para mi reportaje: *"¡No haré otra propaganda para la televisión mientras viva!"*.

Me explicó que cuando cerró la última puerta de un refrigerador en las propagandas de 1960, había decidido labrarse otra carrera para sí misma, esta vez en los noticieros.

—Sé que el mundo está lleno de información y de gente que desea obtenerla —me dijo—, y quiero ser parte de ello.

Sin embargo, aun cuando trabajó para el noticiero de la CBS, en repetidas ocasiones le dijeron que, técnicamente, no estaba preparada para hacer eso.

—Es lo que más quiero, pero el medio y el público se

niegan a tomar en serio mi deseo de trabajar en los noticieros —agregó.

Me identifiqué profundamente con algo de lo que me dijo. A mí también todos me veían "sólo como una mesera", no como una escritora. "Un escritor es una persona que escribe", me decían. Pero dudaba de que alguna vez tuviera el dinero, el tiempo, la fuerza y la perseverancia suficientes para llegar a ser lo que deseaba —alguien como esta mujer, con cuatro carreras a sus espaldas que cualquiera envidiaría, y que ahora buscaba una más para su plena realización—.

Sin embargo, la verdadera medida de su carácter, las "dimensiones" del mundo de esta mujer, surgieron en su frase de despedida.

—Toda mi vida me he regido por esta filosofía —me dijo—: haz cualquier trabajo bien y se te presentarán las oportunidades propicias para hacer lo que verdaderamente deseas.

En los años que siguieron a aquella maravillosa entrevista con Betty observé cómo puso en acción su sabiduría. Poco después de la Convención, su fuerza de voluntad y su actitud positiva la lanzaron a una nueva y difícil carrera como asistente especial del presidente Lyndon Johnson para los asuntos vinculados con los consumidores. Luego se convirtió en la directora de la Junta de Protección al Consumidor del estado de Nueva York y en Comisionada de la ciudad para tales asuntos. Cuando escuché la noticia, recordé su filosofía y le deseé lo mejor.

Años más tarde, la he visto todas las noches en el canal 5 de Nueva York, como la primera reportera sobre asuntos del consumidor. Me río cuando habla de los fabricantes cuyas sábanas no se adaptan a la medida de los colchones. Me alegré cuando nos informó qué pueden contener realmente algunos de los remedios que compramos en la farmacia. Y uno de sus informes típicos fue aquel en que enseñaba a protegerse de los hospitales... mientras ella misma entraba y salía de ellos para un tratamiento contra el cáncer.

A través de los años he continuado estudiando sus palabras, escritas sobre la fotografía que me regaló. Han sucedido cosas asombrosas en mi vida cuando me empeñé en aplicarlas, reforzándolas luego con las del mitólogo Joseph Campbell: "Sigue el camino de tu bienaventuranza y las puertas se te abrirán allí donde antes no había puertas".

Trabajos que no esperaba ni deseaba se han convertido en tareas que me fascinan; senderos inesperados me han conducido a lugares con los que nunca soñé. Tropiezo tras tropiezo, creí, comencé y progresé: de mesera a jefe de comedor y a directora de relaciones públicas de un hospital; de reportera de un diario a editora asociada de varias revistas; de consultora literaria a instructora internacional, hasta cumplir mi sueño de ser una escritora profesional.

Cuando leí el obituario de Betty, me enteré de que, a los 76 años, había obtenido el título de "la reportera más antigua de la televisión". Mientras leía acerca de su vida y de sus realizaciones, recordé aquella entrevista, años atrás, en la que compartió conmigo el secreto de su éxito. Entonces no comprendí bien el gran regalo que me había hecho aquella generosa mujer que ese día reconoció mi frustración.

Recuerdo que el trabajo que tenía durante esa Convención me arrastró; sabía que mi vida no era entonces lo que yo realmente deseaba. Sin embargo, había tropezado con la oportunidad de entrevistarla, ¿verdad?

"Haz cualquier trabajo bien y se te presentarán las oportunidades propicias para hacer lo que verdaderamente deseas".

Sí, con el tiempo, ambas perseguimos individualmente

nuestros sueños y encontramos nuestras oportunidades. Habíamos necesitado talento, visión, un compromiso constante y, lo más importante de todo, la confianza en que siempre podíamos inventarnos de nuevo a nosotras mismas.

Pero todo comenzó en aquel momento, en las calles de Atlantic City. Con un suspiro profundo me había sumergido entre la muchedumbre, haciendo a un lado mis ideas acerca del artículo que escribiría aquella noche sobre Betty Furness. Primero tenía que hacer bien mi trabajo. Tenía que ir a alimentar la parte que me correspondía de los catorce mil delegados del Partido Demócrata.

Barbara Haines Howett

8

ENVEJECER

¡Envejece conmigo!
Lo mejor aún está por venir...

Robert Browning

Las abuelas bailarinas

*Cuando te sientas demasiado viejo para hacer
alguna cosa, ¡hazla!*

Margaret Deland

Hace doce años, cuando tenía cincuenta, pensé: "¿Cómo serán los sesenta? ¿Y los setenta?" Busqué a mi alrededor y sólo vi una misma forma de ser. "No es justo", me dije. Los jóvenes pueden elegir entre tantos estilos de vida (ser yuppies o hippies o personas corrientes), mientras que la gente mayor sólo tiene una opción y eso no es muy divertido. Nadie parece disfrutar de la vida.

A muchas personas (y me incluyo) les desagrada envejecer. Por cierto no era feliz con mi aspecto físico, y no me sentía lo suficientemente inteligente como para manejar todo lo que me esperaba. ¡Me sentía de nuevo como una adolescente insegura!

Decidí hacer algo al respecto, algo práctico. Me inscribí en unas clases de gimnasia para mantenerme en forma. Pocos años más tarde, mi esposo y yo nos mudamos a una comunidad de retirados y yo quise enseñar aerobics. El centro comunitario no me asignó un salón para enseñar, así que me vi obligada a buscar uno desocupado que estuviera disponible.

Un día, el personal del centro comunitario me buscó para pedirme que les ayudara con el montaje de un luau hawaiano. Acepté. (Siempre acepto: primero digo que sí... ¡y después pienso!). Luego convencí a otras cinco señoras de que bailaran conmigo. "¿Acaso puede ser tan difícil?", pensé. "¡Basta con mover las caderas!" Bailamos el hula, hicimos un canto de guerra y recibimos estruendosos aplausos. Alguien tomó fotografías y las enviamos al diario local. Recibimos solicitudes para otras presentaciones, lo cual originó más publicidad y más presentaciones. Pronto teníamos invitaciones de todo el país. ¡Habían nacido las Abuelas Bailarinas!

Lo triste fue que encontramos la mayor resistencia en nuestras familias y compañeras de la misma edad. Las mujeres mayores se disgustaban cuando actuábamos con trusas y se hacían eco de los consejos de nuestros hijos: "actúen de acuerdo con su edad". ¿Qué significaba esto? ¿Ser encorvadas, gordas y malhumoradas? ¡No, gracias! (Desde luego, después de haber sido invitadas a la Casa Blanca para bailar ante el presidente Bush, su señora y unos dignatarios extranjeros, nuestras familias cambiaron de parecer.)

A menudo enfrentábamos prejuicios contra la edad. Los jóvenes, en especial, suponen cosas acerca de la gente mayor que no siempre son verdaderas. Un fin de semana fuimos invitadas a bailar en una universidad de Wisconsin, y debíamos alojarnos en los dormitorios estudiantiles. Pues bien, los estudiantes desmantelaron sus camas altas para nosotras, ¡las abuelitas! Seguramente pensaron que no podríamos subir o que al hacerlo nos caeríamos.

Nuestras presentaciones tampoco han sido fáciles. ¡Nuestro primer desfile fue un desastre! Yo había preparado una coreografía para un número que comenzábamos como ancianas, con redes para el cabello y vestidos muy amplios, y luego nos transformábamos en jóvenes abuelas con sombreros, guantes y vestidos apretados. ¡Mala idea! ¿Han intentado alguna vez cambiarse de ropa y bailar mientras participan en un desfile? Además, cuando marcháramos calle abajo, los primeros espectadores nos verían con una vestimenta diferente de la que luciríamos luego, así que de todas maneras se perdería la idea del baile. Terminamos cambiándonos de vestimenta y corriendo para alcanzar el desfile. ¡Y al público le encantó!

La gente se asombra al ver cuán exigentes son nuestras rutinas de ejercicios físicos. Hacemos estiramientos, carretillas, flexiones, saltos. Nuestra mejor carretillista tiene 72 años.

Pero creo que el verdadero secreto de las Abuelas Bailarinas reside en nuestra actitud. Fui muy pobre en mi infancia, al punto de pasar hambre. Si deseábamos tener juguetes, teníamos que fabricar cosas para jugar con ellas; aprendí muy pronto a ser creativa. Creo que ser pobre fue una de las mejores cosas que me pudo suceder, porque aprendí a buscar tesoros.

Es lo que todavía hago hoy: busco el tesoro oculto en la vejez. Y cada vez lo hago mejor. No he escuchado a nadie decir, "Me muero por ser viejo... ¡parece tan divertido!". Pero puede serlo. Cada vez vivimos más tiempo en un mundo completamente diferente. Cuando era niña y visitaba a mi abuela, siempre me decían, "Ten cuidado con sus porcelanas. No toques nada. Cállate". Cuando mis nietos me visitan, me agrada ponerme a hacer pruebas con ellos, y me digo a mí misma: "¡No voy a permitir que estos jovencitos insignificantes me ganen!". ¡Y nos divertimos realmente!

Es cierto que las antigüedades deben ser tratadas de manera diferente, con más cuidado, pero tienen su propia belleza.

Beverly Gemigniani con Carol Kline

Un romance de los de noventa para los de setenta

La edad no nos protege del amor, pero el amor, en cierta medida, nos protege de la edad.

Jeanne Moreau

Allí estaba él, alto y apuesto, con sus 71 años, y allí estaba yo, con cerca de setenta, y su rostro me llegó de inmediato al corazón.

Aguardábamos al mismo médico en un pequeño hospital de Iowa. Tomé asiento a su lado y ambos hojeábamos revistas, pero creo que no absorbí una sola palabra de lo que leí aquel día. Una hora más tarde, me sorprendí al encontrarlo junto al mostrador de la farmacia.

—No podemos continuar encontrándonos así —le dije.

Él me respondió con amabilidad, pero luego descubrí que ni siquiera se había fijado en mí la primera vez.

Su nombre era Bill. Mientras conversábamos, me sorprendió comprobar que este forastero tan atractivo era el abuelo de la maestra del jardín de infantes de mi nieta. Su propio nieto estaba en la misma clase, y ambos niños se habían sentido misteriosamente atraídos.

Cada uno de nosotros se había mudado a Iowa desde la costa respectiva para estar cerca de nuestros hijos y nietos. Los dos habíamos dejado atrás romances infelices y, en cierto sentido, comenzábamos de nuevo.

Cuanto más conocía acerca de este hombre, más me intrigaba. Había construido su casa tomando en serio las consideraciones ecológicas. Era artista y profesor de historia del arte. Durante la guerra había sido un objetor de conciencia y, en todos los casos, sus valores coincidían con los míos.

Después de algunas conversaciones telefónicas, nuestras familias se reunieron en la plaza del pueblo para escuchar un concierto de bandas. Mi hija insistió en que preparara unas galletas. Al parecer, aquella noche estaban muy sabrosas.

Un día Bill llamó para disculparse por no haberme acompañado a casa la noche anterior. Le aseguré que era una mujer liberada que no necesitaba de estos cuidados, y me dijo:

—No, quiero decir que si te hubiera acompañado, habría podido darte un beso de despedida.

Dicen que todo depende de elegir el momento oportuno. Yo había estado cuidando a una mujer que padecía la enfermedad de Alzheimer y me disponía a mudarme. Compartía transitoriamente la atiborrada casa de mi hijo y su familia, y pensaba alquilar una habitación en alguna parte. Me alojé en casa de Bill por unos días.

—Será divertido planear juntos nuestro jardín —me dijo.

Esto significaba que nuestras vidas se entrelazaban y me sentí muy feliz al escucharlo.

Pronto, con sus dulces y sensibles modales, Bill me sugirió que nos casáramos para proteger mi buen nombre en esta comunidad tan unida. Le dije que no me preocupaban las apariencias. Luego de unas pocas semanas en las que vivimos lo que sólo podría describirse como felicidad doméstica, un día me encontré sentada sobre sus rodillas. Me miró, sonrió y me dijo en voz baja:

—Será divertido planear juntos nuestro matrimonio.

Yo no sabía que mi corazón podía brillar de esa manera. ¿Cómo negarme?

Planeamos una boda espléndida en el verano, a la luz de la luna. Tantas personas manifestaron su deseo de presenciar nuestra unión que colocamos un aviso en el diario local: nuestros cuatro nietos invitaban a todos al matrimonio de sus abuelos.

Cuando intercambiamos nuestros votos, declaré:

—Todo en mi vida me ha preparado para este momento mágico.

Realmente creo que nada se perdió.

Bill y yo nos encontramos justo cuando ambos habíamos "saldado nuestras cuentas". Habíamos experimentado mucho dolor y mucha belleza en nuestra vida, y finalmente habíamos llegado a tener algo parecido a la paz interior, un sentimiento de autonomía y autovaloración.

Cuando pienso en nuestra relación, recuerdo un pasaje que alguna vez leí:

Debo conquistar solo mi soledad.
Debo estar feliz conmigo mismo, o no tendré
nada para ofrecer.
Dos mitades están hechas para unirse
y conformar una totalidad.
Pero cuando dos totalidades coinciden...
Eso es belleza. Eso es amor.

Lillian Darr

9

SABIDURÍA SUPERIOR

Los milagros son naturales;
cuando no ocurren, es porque algo ha salido mal.

Helen Schulman

La piedra de la mujer sabia

Una mujer sabia que viajaba por las montañas encontró una piedra preciosa en un arroyo. Al día siguiente se cruzó con otro viajero que estaba hambriento, y la mujer abrió su bolsa para compartir con él su comida. El viajero hambriento vio la piedra preciosa en la bolsa, se quedó admirado de su belleza y le pidió que se la regalara. La mujer lo hizo sin vacilar.

El viajero partió, alegrándose de su buena suerte. Sabía que la joya valía lo suficiente como para darle seguridad por el resto de sus días.

Pero a los pocos días regresó en busca de la mujer sabia. Cuando la encontró, le devolvió la piedra y le dijo:

—He estado pensando. Sé cuán valiosa es esta piedra, pero se la devuelvo con la esperanza de que pueda obsequiarme algo mucho más precioso. Si puede, deme lo que hay en su interior que le permitió regalarme la piedra.

The Best of Bits & Pieces

Que así sea

En la mañana del 13 de mayo de 1993, mientras hablaba por teléfono mi secretaria me pasó una nota donde decía que mi hermana Judy me estaba esperando en la otra línea. Recuerdo haber pensado que era extraño que no me dejara el mensaje, pero respondí con un alegre "¡Hola!".

Escuché que mi hermana sollozaba como si se le hubiera quebrado el corazón, luchando por serenarse lo suficiente para comunicarme la noticia. Una letanía de tragedias posibles atravesó mi mente. ¿Le habría ocurrido algo a la tía Chris o al tío Leo, nuestros amados padres sustitutos, que ahora tenían más de ochenta años? El esposo de Judy no estaba en la ciudad. ¡Dios mío, ojalá no le hubiera sucedido nada! Quizá no era tan terrible... es probable que Judy hubiera tenido algún problema en su trabajo.

Nada habría podido prepararme para las palabras que, finalmente, Judy pronunció:

—Oh, Sunny, nuestro Tommy murió en un accidente de auto esta mañana.

No podía ser cierto. Tommy, mi sobrino adorado, el único hijo de Judy, estaba terminando su carrera en la

Universidad de Missouri. Como era un atleta, había optado por estudiar publicidad deportiva. Las dos hermanas de Tommy, Jen y Lisa, siempre habían idolatrado a su hermano mayor. Todos adorábamos a este joven alto y apuesto, de risa fácil y carácter amable. Tommy tenía toda la vida por delante, y mi mente se negaba a aceptar las palabras que acababa de escuchar. Estuve a punto de preguntar "¿Estás segura?", pero mientras lo pensaba, supe que de otra manera Judy no me habría llamado.

Mis recuerdos de los días siguientes están rodeados por una niebla de irrealidad. Lynn, nuestra otra hermana y yo permanecimos junto a Judy y su familia durante todo ese tiempo; nos aferrábamos los unos a los otros para darnos apoyo. No sabía qué era más doloroso, si la pérdida de Tommy o ver a mi hermana actuar con valor siendo que su mundo había estallado en pedazos.

El día que hicimos los arreglos para el funeral fue especialmente difícil. A ninguna madre debería tocarle la horrible tarea de elegir el ataúd de su hijo. Judy deseaba tanto verlo por última vez, acariciarle la mano o los cabellos. Pero el director de la funeraria nos dijo que no podría ser: tendría que darle su adiós a aquel ataúd amorosamente elegido.

Esa misma tarde, mientras aún me encontraba en el jardín de la casa de mi hermana, pedí a mi sobrino que nos enviara una señal de que estaba bien... que nos hiciera saber, de alguna manera, que había partido hacia algo más maravilloso que la vida que concebíamos para él aquí en la Tierra. "Cariño —le expresé—, ¿puedes hacernos saber que estás bien?".

No puedo decir que yo crea en "señales", pero cuando el corazón está tan dolido, busca alivio a su manera. El equipo de béisbol predilecto de Tommy era el de los Cardenales de St. Louis, así que le pedí que nos enviara un cardenal. Al recordar aquel momento, en ese jardín tan lleno de la infancia de Tommy, reparo en que fue sólo un pensamiento pasajero: "Por favor, haznos saber que te encuentras bien. La señal que esperaré es un cardenal".

Judy había planeado con cuidado el funeral de su hijo para que fuese una celebración de su vida. A solicitud mía, había incluido la bella canción de Paul McCartney, "Let it Be". Sus primos oficiaron como acólitos y leyeron la Biblia con valor. El joven sacerdote que condujo la misa tuvo que contener sus lágrimas toda la mañana.

En un momento dado, cuando el sacerdote hizo una pausa para serenarse, un pájaro comenzó a cantar afuera. Su fuerte e insistente melodía se prolongó durante todo el servicio religioso.

Sin embargo, sólo más tarde registramos el mensaje de Tommy. Un amigo cercano nos llamó para comentarnos que el servicio funerario había sido muy hermoso, y dijo:

—Cuando aquel pájaro comenzó a cantar tan fuerte, volví la cabeza y ¡vi a un cardenal bellísimo en el alféizar de la ventana!

Había recibido mi señal.

Dos semanas más tarde, Paul McCartney vino a nuestra ciudad a ofrecer un concierto. Ya habíamos comprado las entradas para Tommy y otros miembros de la familia, y decidimos seguir adelante con nuestros planes. El día del concierto, a la mañana, mientras mi hermana Lynn se vestía para ir al trabajo y escuchaba su estación de radio predilecta, oyó a dos locutores referirse a la entrevista que esperaban realizar aquel día al famoso integrante de los Beatles.

Sin pensarlo, hizo algo completamente ajeno a sus costumbres: llamó a la radio y, de repente, se encontró narrando la historia de Tommy y nuestra tragedia, así como su gran afición por los Beatles. ¿Podrían hacerle llegar esta historia a Paul? Contestaron que no podían prometerle nada, pero lo intentarían.

Aquella noche, cuando nos instalamos para escuchar el concierto al aire libre en la clara y fresca tarde, nos unimos y abrigamos para darnos calor. Más de treinta mil personas se habían reunido allí para ese concierto espectacular. Paul McCartney se presentó sobre el trasfondo de un enorme despliegue de fuegos artificiales. Cuando terminó la primera canción, aguardó a que se hiciera silencio y dijo:

—Ahora, damas y caballeros, nuestra siguiente canción está dedicada a una familia muy especial que se encuentra entre el público, la familia de Tommy.

Y cantó "Let it Be" para mis dos hermanas, mis sobrinos y sobrinas y yo.

Mientras permanecíamos de pie con los brazos entrelazados, las lágrimas rodando por nuestras mejillas, se encendieron algunas velas y brillaron otras luces pequeñas en medio del público. Eran para todos nosotros, especialmente para nuestro Tommy.

K. Lynn Towse con Mary L. Towse

No estamos solos

Después de la muerte repentina de mi esposo por un infarto mientras jugaba al tenis, el mundo se derrumbó a mi alrededor. Nuestros seis hijos tenían diez, nueve, ocho, seis y tres años, y el último dieciocho meses; me vi abrumada por las responsabilidades de ganarme la vida, cuidar a los niños y simplemente tratar de sobrevivir.

Tuve la suerte de encontrar una maravillosa niñera que se ocupaba de los niños durante la semana, pero desde el viernes a la noche hasta el lunes a la mañana estaba sola con ellos, y, sinceramente, no me quedaba tranquila. Cada crujido, cada sonido extraño, cualquier llamada en la noche, todo me llenaba de terror. Me sentía increíblemente sola.

Un viernes a la tarde regresé a casa del trabajo y encontré a un hermoso perro, un ovejero alemán, en el umbral de la puerta. Este animal maravillosamente fuerte y a todas las luces bien cuidado parecía estar indicándome que se proponía entrar en la casa y hacer de ella su hogar. Yo, sin embargo, estaba preocupada. ¿De dónde provenía? ¿Sería seguro permitir que los niños jugaran con él? Aun cuando parecía cariñoso, era un animal imponente e inspiraba respeto. "Alemán", como lo llamamos, les agradó de inmediato a los niños, y me rogaron que le permitiera entrar. Acepté dejarlo dormir en el sótano hasta el día siguiente, cuando podríamos averiguar en el vecindario quién era su dueño. Aquella noche dormí en paz por primera vez en mucho tiempo.

A la mañana siguiente hicimos varias llamadas, y miramos los avisos clasificados de gente que había perdido su perro pastor, pero sin ningún resultado. Entretanto, Alemán se había convertido en parte de la familia y soportaba de buen grado los abrazos, las peleas y los juegos en el jardín. El sábado a la noche todavía estaba con nosotros, así que se le permitió dormir de nuevo en el sótano.

El domingo había planeado llevar a los niños a pasar un día de campo. Pensé que lo mejor sería dejar a Alemán en casa, por si su dueño venía a buscarlo, así que partimos sin él. Cuando nos detuvimos en la estación de servicio a cargar gasolina, nos sorprendió ver que Alemán nos seguía. No sólo llegó corriendo al auto, sino que trepó de un salto al capó y puso su nariz contra el vidrio delantero, mirándome directo a los ojos. No pensaba quedarse en casa. Subió a la camioneta, se instaló en la parte de atrás y pasó el día con nosotros. El domingo también se quedó en casa.

El lunes a la mañana lo dejé salir a correr un poco mientras los niños se preparaban para la escuela. No regresó. Cuando llegó la noche y Alemán no aparecía, todos estábamos decepcionados, convencidos de que se había marchado a su casa o de que sus dueños lo habían encontrado y nunca lo volveríamos a ver. Nos equivocamos. El viernes a la tarde, Alemán estaba de nuevo en la puerta. Lo acogimos y permaneció con nosotros hasta el lunes a la mañana, cuando llegó la niñera.

Esta rutina se repitió todos los fines de semana durante

casi diez meses. Cada vez sentíamos más afecto por Alemán y aguardábamos con ilusión su llegada. Dejamos de preguntarnos a quién pertenecía: nos pertenecía a nosotros. Su presencia vigorosa y cálida nos confortaba y cuando estaba a nuestro lado nos sentíamos seguros. Al ver que se ponía alerta, paraba las orejas y lanzaba un sordo gruñido desde lo profundo de su garganta, sabíamos que estábamos protegidos.

Alemán pasó a formar parte de la familia. Consideraba su deber inspeccionar todas las habitaciones para asegurarse de que los niños estuvieran acostados. Cuando el último miembro de la familia se había ido a la cama, tomaba su puesto en la puerta principal y permanecía allí hasta la mañana siguiente.

Cada semana, gracias a las visitas de Alemán, me sentía un poco más fuerte, tenía más valor y podía manejar mejor las cosas; cada fin de semana disfrutaba de su compañía. Un lunes por la mañana acariciamos su cabeza y lo dejamos irse sin saber que sería la última vez. Nunca regresó. No volvimos a verlo ni a escuchar de él.

A menudo pienso en Alemán. Llegó cuando más lo necesitaba y permaneció con nosotros hasta que me sentí lo suficientemente fuerte como para continuar sola. Quizás haya una explicación perfectamente natural para las visitas de Alemán a nuestra casa... quizá su dueño se iba a algún lado los fines de semana... no sé. Creo que Alemán fue enviado porque lo necesitábamos y porque a pesar de que nos sintamos solos y abandonados, en algún lugar, de alguna manera, alguien lo sabe y le importa. Nunca estamos realmente solos.

Mary L. Miller

Milagro en Toronto

No tenía la más remota idea de qué me había llevado a dejar el calor de una cafetería por una helada cabina telefónica de Toronto. Me encontraba tomando tranquilamente una taza de café en esta ciudad extranjera, cuando de repente sentí el extraño pero irresistible impulso de buscar algo en la guía telefónica de la ciudad. Como no conocía a nadie allí, este impulso no tenía ningún sentido.

Soy inglesa, pero en aquella época vivía en Iowa. Necesitaba una visa de trabajo para residir en los Estados Unidos, y elegí viajar a Toronto pues en esa ciudad parecía estar el consulado más cercano. Y allí estaba, hojeando las páginas de una guía telefónica sin ninguna razón aparente. Mis dedos se detuvieron cuando llegué a McIntyre.

No era un apellido desconocido para mí. Doce años atrás habían modificado las leyes de adopción en Inglaterra y finalmente me sentí preparada para buscar a mi verdadera madre. Mi búsqueda había dado como resultado tres datos acerca de ella: tenía el cabello rojo, había nacido cerca de Glasgow, y su nombre era Margaret McIntyre Gray. No obstante, como mi búsqueda resultó infructuosa, intenté olvidarme del asunto.

Sin embargo, allí estaba, tan lejos de mi tierra natal, contemplando varias páginas llenas de McIntyres. Había tantos nombres, incluso bajo McIntyre, M. Sentí un sacudón. ¿Por qué estaba haciendo esto? Había visitado decenas de ciudades en el mundo ¡y nunca me había visto llevada a leer la guía telefónica!

Luego, sin saber cómo, la guía se abrió en la página de los Gray. Mis ojos la recorrieron y se detuvieron al ver Gray, M. McIntyre, 85 Lawton Boulevard, Toronto. Mi cerebro pareció detenerse en ese momento... lo único que podía escuchar era el latido de mi corazón. "Es ella, es ella", me decía. Pero ¿por qué habría de serlo? Estaba en *Canadá*, y si por una extraña coincidencia ella se encontrara allí, probablemente se habría casado y llevaría un apellido diferente. Y aun en el caso de que la llamara, ¿qué podría decirle? No obstante, me sorprendí marcando el teléfono.

Lo único que pude escuchar al otro lado de la línea fue un extraño tono. Fuera de servicio. "He llegado demasiado tarde", pensé. "Era ella, pero está muerta". Llamé al servicio de reparaciones. Una voz muy cortés me informó:

—Hay un número para establecer contacto, pero es confidencial.

—Usted pensará que estoy loca —le dije inmediatamente—, pero creo que puede ser mi verdadera madre, a quien nunca he conocido. ¿Podría averiguar qué ha sucedido con ese teléfono?

La operadora aceptó, pero cuando llamó al número de contacto, una mujer le informó que la señorita Gray nunca se había casado, así que debía de haber un error. Sorprendida por mi propia osadía, le pedí:

—Por favor, ¿le importaría llamar de nuevo? Dígale que tal vez la señorita Gray nunca se casó, pero ¡yo estoy aquí! Dígale que la persona que busco nació el 9 de julio de 1914 en Greenoch, Escocia.

Fue así como llegué a Betty, la amiga de Margaret McIntyre Gray. Me dijo que la señorita Gray se enfermó durante el verano y había dejado su apartamento para vivir en una residencia para enfermos. Por extraño que parezca, Betty no la visitaba desde hacía tres semanas y pensaba ir aquella misma tarde.

Al día siguiente, Betty me llamó.

—Pues bien, tienes suerte —me dijo—. Se lo comenté a Maggie personalmente y ella te reconoció de inmediato. Pero prepárate: no desea verte.

Estaba desolada. Sabía que me darían la visa al día siguiente y volaría a casa el domingo. Quizá cuando estuviera de regreso en los Estados Unidos todo esto quedase atrás.

Para mi sorpresa, cuando al día siguiente llegué al consulado, la ineficiencia burocrática había demorado mi visa y me dijeron que tendría que permanecer en Toronto tres semanas más. Tres semanas en la misma ciudad donde se encontraba mi madre, a quien había buscado durante tanto tiempo, y no tenía oportunidad de verla... ¿Cómo iba a soportar esto?

Un par de días después, sonó el teléfono y contesté con desgano. Era Betty, quien apenas podía hablar por la emoción.

—¡Tu madre quiere verte el domingo a las tres de la tarde! —exclamó. Me sentí exultante de felicidad y tuve que sentarme.

Cuando llegó el domingo, estaba demasiado nerviosa para desayunar. Llegué temprano al lugar de la cita, y di dos vueltas a la manzana. Entonces la vi... una mujer mayor, de pequeña estatura, vestida de verde, y con abundante cabello suave color miel.

—Hola, querida —me dijo, acentuando con fuerza las vocales como lo hacen los escoceses. Me tomó por los hombros y me besó en la mejilla. Luego nos miramos por primera vez en cuarenta y seis años.

Entramos y comenzó a jugar a "te muestro y me dices" con un álbum de fotografías. Yo la miraba continuamente, para ver si tenía su nariz, sus manos. Pero lo que me transmitió aquel día fue su espíritu, el sentimiento general que me causó. No me llevó mucho tiempo saber que me agradaba.

Pasaron las tres semanas; veía a mi madre casi todos los días. Eran momentos preciosos para ambas.

Cuando finalmente obtuve la visa, fui a despedirme.

—Sabes, querida —me confesó—, deseaba quedarme contigo, realmente lo quería, pero no pensaba que fuese posible.

Le aseguré que todo estaba bien y conseguí desprenderme de ella para regresar a casa.

—Recuerda que tú eres mi "buba" —me dijo cuando yo me iba. Llegué a la puerta y me volví para enviarle un saludo con la mano. Ella levantó la suya en un gesto majestuoso, diciéndome adiós.

Mi madre ingresó a terapia intensiva en el Hospital General de Toronto sólo tres semanas después, luchando una batalla perdida contra la neumonía. Volé de regreso a Toronto para visitarla. Cuando entré a su habitación, advertí de inmediato que tenía un papel sobre el pecho. Era la carta que yo le había enviado, agradeciéndole que me hubiera dado la vida. Murió al día siguiente.

Sue West

Un relato de guerra

Era 1939. Estaba tan entusiasmada que apenas podía concentrarme en mis estudios. Me preparaba para viajar de Inglaterra a Francia, donde pasaría un maravilloso mes de verano como parte de un programa de intercambio para estudiantes. La familia con la que me alojaría tenía una hija de mi edad, y ella vendría a mi casa a fines del verano.

Por fin llegó el día de mi partida, y estaba *lista*. Mi madre viajó conmigo en tren hasta la estación Victoria de Londres, para acompañarme a abordar otro tren, que me llevaría a Dover, sobre el Canal de la Mancha. Nunca se habló de que me acompañara hasta la costa. Siempre se había reconocido que yo tenía buen sentido común y nadie pensó que no pudiera hacer este viaje sola.

Abordé entonces el barco para cruzar el Canal de la Mancha y comenzó la gran aventura. Mi "familia francesa" me recibió en París, donde visité unos lugares increíbles —recuerdo de manera especial los espectaculares castillos del Loira— antes de viajar en auto a la pequeña aldea de Argent-sur-Sauldres, mi hogar durante las cuatro semanas siguientes. Pero sólo permanecí allí tres semanas.

Fueron tres semanas felices. Estaba rodeada de gente joven y todavía creo que aprendieron más inglés de mí que yo francés de ellos. Pero con el transcurso del tiempo empecé a comprender que las cosas no marchaban bien en Francia. Incluso se hablaba de guerra.

Sin embargo, la guerra no está dentro de las ideas concebibles por una joven de quince años. Un caballero que apenas hablaba inglés me llevó aparte y me señaló los titulares de los diarios. ¿Deseaba regresar a casa? No sentía la urgencia de hacerlo. En realidad, Francia no estaba tan lejos de Inglaterra; no me había tomado *tanto* tiempo llegar allí.

Pero comencé a experimentar una creciente tensión en el ambiente y a sentir que algo estaba pasando. Mis padres no tenían teléfono y no había recibido ningún telegrama, así que no estaba segura de cuál era la verdadera situación.

Una mañana, sin embargo, desperté y supe que tenía que regresar a casa. Tuve la profunda intuición de que debía hacerlo. De inmediato comuniqué lo que sentía a la familia que me había acogido. Nunca me habían manifestado abiertamente que deseaban que partiera, pero en cuanto tomé la decisión, se apresuraron a disponer lo necesario.

A la mañana siguiente muy temprano me encontraba ya en el tren rumbo a París, acompañada por mi maravillosa madre francesa. Eran las seis de la mañana y las calles de la ciudad estaban desiertas... excepto por los camiones que pasaban uno tras otro, llenos de tropas francesas. Se dirigían a la Línea Maginot en un valeroso intento por detener a los nazis.

Después de despedirme de mi querida madre francesa una semana antes de lo previsto, me dispuse a continuar sola mi viaje. Fue un viaje tenso y largo —duró tres veces más de lo normal— y yo sólo tenía quince años. Llegué a

Inglaterra a medianoche; no había buses ni taxis que me llevaran los dos kilómetros entre la estación del tren y mi casa. Aun cuando habíamos enviado un telegrama, mis padres no sabían a qué hora debían esperarme porque los horarios del transporte estaban trastornados. Así, casi veinticuatro horas después de abandonar Francia, me vi obligada a caminar sola el último y oscuro trecho. No hay palabras para describir mis sentimientos cuando finalmente toqué a la puerta de casa.

Pocos días más tarde se declaró la guerra.

Realmente no sé qué me indujo a regresar a casa cuando lo hice. Tal vez, el sentido común que mis padres me habían inculcado contribuyó en gran medida, pero siempre he creído que fue realmente mi intuición la que me salvó de pasar los años de la guerra lejos de mi familia y en tierra extraña.

Maureen Read

Conexión

Mi madre y yo estamos profundamente conectadas por una extraordinaria capacidad de comunicarnos en silencio.

Catorce años atrás, yo vivía en Evansville, Indiana, a mil doscientos kilómetros de distancia de mi madre... mi confidente y mi mejor amiga. Una mañana, me encontraba en un sereno estado de contemplación cuando sentí de repente la urgente necesidad de llamarla y preguntarle si estaba bien. En un primer momento, vacilé. Como mi madre es maestra de cuarto grado, llamarla a las cinco y cuarto de la madrugada podría alterar su rutina y hacer que llegara tarde al trabajo. Pero de todas maneras, algo me impulsó a hacerlo. Hablamos durante tres minutos, y me aseguró que se encontraba bien y sin dificultades.

Al rato, sonó el teléfono: era mi madre, para decirme que la llamada de la madrugada probablemente le había salvado la vida. Si hubiese salido de casa tres minutos antes, tal vez habría sido afectada por un grave accidente en la ruta, en el que murieron varias personas y otras muchas resultaron heridas.

Hace ocho años, descubrí que esperaba mi primer hijo. Debía nacer el 15 de marzo. Le dije al médico que era demasiado pronto. La fecha de nacimiento del bebé debía ser entre el 29 de marzo y el 3 de abril, pues ésta era la época en que mi madre tenía sus vacaciones de Pascuas en la escuela, y yo, desde luego, deseaba que estuviera conmigo. El médico insistió, sin embargo, en que la fecha prevista era a mediados de marzo. Me limité a sonreír. Reid nació el 30 de marzo. Mamá llegó el 31.

Hace seis años, quedé embarazada otra vez. El médico dijo que el bebé nacería a fines de marzo. Le dije que esta vez tendría que adelantarse, porque —ya lo han adivinado— mamá tenía vacaciones a comienzos de ese mes. El doctor y yo nos sonreímos. Breanne nació el 8 de marzo.

Dos años atrás, mamá luchaba contra el cáncer. Con el tiempo perdió su energía, su apetito, su capacidad de hablar. Después de pasar un fin de semana con ella en Carolina del Norte, tuve que prepararme para volar de regreso al Oeste. Me arrodillé al lado de su cama y le tomé la mano.

—Mamá, si puedo, ¿deseas que regrese? —le pregunté.

Sus ojos se abrieron mientras intentaba asentir con la cabeza.

Dos días después recibí una llamada de mi padrastro. Mi madre estaba muriendo. Los miembros de la familia se habían reunido para los últimos ritos. Me conectaron con un parlante para que pudiera escuchar el servicio.

Aquella noche hice lo posible por enviar una amorosa despedida a mi madre a la distancia. A la mañana siguiente, empero, sonó el teléfono. Mi madre aún vivía, pero estaba en coma y se esperaba que muriera en cualquier momento. No lo hizo. Ni aquel día ni al día siguiente. Tampoco al siguiente. Cada mañana, recibía la misma llamada: podía morirse en cualquier momento. Pero no sucedía. Y cada día se agravaban mi dolor y mi tristeza.

Después de cuatro semanas, finalmente comprendí:

mamá me estaba esperando. Me había comunicado su deseo de que yo regresara si podía. Antes no podía hacerlo, pero ahora sí. Hice las reservas de inmediato.

A las cinco de la tarde me encontraba a su lado, abrazándola. Todavía estaba en coma, pero le susurré:

—Estoy aquí, mamá. Puedes irte. Gracias por esperarme. Puedes irte.

Murió pocas horas después.

Creo que cuando una conexión es tan profunda y poderosa, vive por siempre en un lugar que está más allá de las palabras y es indescriptiblemente bella. A pesar del dolor que me causó la pérdida, no cambiaría la belleza y el poder de esa conexión por nada en el mundo.

Susan B. Wilson

Amor superior

Mi madre y yo estábamos hechas con el mismo molde. El mismo cabello castaño y liso, los mismos ojos miopes color café, la misma contextura. Mi madre era el soporte de mi vida. A pesar de mis realizaciones escolares y mis actividades estudiantiles, yo era tímida e insegura, pero ella siempre estaba allí para ayudarme. Enseñaba estudios sociales en mi escuela secundaria, así que todos mis amigos la conocían y amaban también.

Yo tenía quince años cuando le diagnosticaron un lupus y fue hospitalizada durante cinco meses. Se recuperó y regresó a sus clases, y todo parecía estar bien. Un año después se atrapó un resfrío que se convirtió en un grave caso de neumonía. Murió en una semana.

El mundo se desmoronó abruptamente ante mí. La puerta se cerró de golpe sobre muchas posibilidades. Todas las preguntas que tenía acerca de la vida y de los sentimientos de mi madre, acerca de mi propia feminidad floreciente, acerca de cosas en apariencias triviales (las recetas de nuestras galletas de Navidad predilectas y de su famoso pastel de merengue y limón), nunca serían respondidas. Mamá ya no estaría presente y yo me quedé profundamente triste y sola.

Mi personalidad pareció cambiar en aquel momento. Había sido abierta e idealista; ahora era más amargada y sarcástica cada día. Era como si mi corazón estuviera cubierto por una armadura de pena y culpa. Me obsesionaban ciertas imágenes de la infelicidad de mi madre. La recordaba sentada al borde de la cama, llorando, mientras el resto de la familia discutía. Recordé que muchas veces hubiera podido hacer mucho más para consolarla.

Durante el último año de la escuela aprendí a meditar y lentamente comencé a emerger del caparazón paralizante de protección que había construido a mi alrededor. La meditación me abrió la puerta para manejar mejor mi pena. Solía sentarme con los ojos cerrados y las lágrimas sanadoras comenzaban a fluir.

Una mañana, mientras meditaba, recordé estar cuidando a mamá a su regreso del hospital. Me sentía mal por tener que curarle las llagas que tenía a raíz de permanecer tanto tiempo en cama, en lugar de salir con mis amigos. Una ola de culpa y vergüenza surgió en mi interior mientras recordaba qué egoísta había sido.

En ese preciso instante, un pensamiento atravesó mi mente. Era una historia que mi madre me narró acerca de mi abuelo, quien contrajo un cáncer en la garganta cuando ella tenía ocho años. Antes de morir, le dijo:

—Evalyn, ten presente esto: si algo me ocurre y tú me necesitas realmente, llámame y vendré en tu ayuda.

Mamá me contó que cuando estaba en la universidad, se había enamorado de un joven que le quebró el corazón. Se sentía tan triste que llamó a su padre desde su interior. Y me dijo:

—De repente, sentí que se encontraba allí, en el dormitorio. Me sentí tan amada por él, que supe que todo estaría bien.

Valía la pena intentarlo, así que llamé mentalmente a mi madre. "Lo siento", repetía una y otra vez sollozando. Entonces algo pasó en la habitación. El tiempo se detuvo, y sentí un manto de paz extendido sobre mí. Dentro, escuchaba la voz de mi madre diciéndome:

—Te comprendo. Todo está perdonado. No hay por qué tener ningún remordimiento.

El peso que había cargado durante todos aquellos años pareció disolverse en un instante. En aquel momento experimenté una sensación de libertad mayor que la que creía posible en esta vida.

Pocos años más tarde, la víspera de mi matrimonio con Tony, un hombre maravilloso, eché de menos a mamá, la extrañé como no la había extrañado en años. Anhelaba que compartiera nuestra celebración; necesitaba de su sabiduría y su bendición. La llamé de nuevo.

El día de mi boda era soleado y maravilloso, y pronto me vi envuelta en la fiesta. En cierto momento, mi vieja amiga Marilyn se acercó con el rostro bañado en lágrimas. Dijo que no era por tristeza, sino porque necesitaba hablar conmigo. Nos dirigimos a un rincón de la sala.

—¿Conoces a alguien de apellido Forshay? —me preguntó.

—Por supuesto —respondí—. El apellido de soltera de mi madre era Forshar, pero era una transformación del francés, Forshay. ¿Por qué me lo preguntas?

Marilyn bajó aún más su tono de voz.

—Durante la ceremonia de tu boda, sucedió algo increíble. Te vi a ti y a Tony rodeados por una luz y una presencia llena de amor por ti. Era tan bello que rompí a llorar. Y sentía continuamente que el apellido Forshay estaba asociado con ella.

Estaba tan asombrada que no pude articular palabra. Marilyn prosiguió.

—Y con ello vino un mensaje para ti. La presencia quería que supieras que siempre serás amada, que nunca lo dudes, y que este amor te llegará siempre a través de tus amigos.

Para entonces yo también estaba llorando. Marilyn y yo nos abrazamos. Por fin, comprendí que la muerte no puede romper una conexión forjada en el amor. Hasta el día de hoy, a veces capto un destello en los ojos de un amigo o de un ser querido, o incluso en los míos propios en el espejo, y sé que mi madre está conmigo, amándome.

Suzanne Thomas Lawlor

Me pregunto por qué
las cosas son como son

Durante mi penúltimo año en la escuela, mi profesor de inglés, el señor Reynolds, entregó a cada alumno una lista de pensamientos o frases escritas por otros estudiantes, y luego nos asignó como tarea escribir una composición basada en alguno de ellos.

A los diecisiete años, comenzaba a preguntarme muchas cosas, así que elegí la frase: "Me pregunto por qué las cosas son como son".

Aquella noche escribí en forma de cuento todas las preguntas que me dejaban perpleja acerca de la vida. Comprendí que muchas eran difíciles de responder, y otras quizá no tenían respuesta. Cuando entregué la tarea, temí que no fuera aprobada porque no había dado una respuesta a "Por qué las cosas son como son": sólo había formulado preguntas.

Al día siguiente, el profesor Reynolds me llamó al frente y me pidió que leyera el cuento en voz alta. Me entregó la composición y se sentó en el fondo del salón. Cuando comencé a leer la clase hizo silencio:

Mamá, papá... ¿Por qué?

Mamá, ¿por qué son rojas las rosas? Mamá, ¿por qué es verde el prado y azul el cielo? ¿Por qué la araña teje una tela en vez de una casa? Papá, ¿por qué no puedo jugar con tu caja de herramientas? Profesor, ¿por qué tengo que leer?

Mamá, ¿por qué no puedo usar lápiz labial en las fiestas? Papá, ¿por qué no puedo quedarme hasta las doce de la noche? Los otros chicos lo hacen. Mamá, ¿por qué me odias? Papá, ¿por qué no le agrado a los chicos? ¿Por qué soy tan delgada? ¿Por qué tengo que llevar aparato de ortodoncia y usar anteojos? ¿Por qué tengo que tener dieciséis años?

Mamá, ¿por qué debo graduarme? Papá ¿por qué tengo que crecer? Mamá, papá ¿por qué debo irme?

Mamá, ¿por qué no escribes más a menudo? Papá, ¿por qué extraño a mis viejos amigos? Papá ¿por qué me quieres tanto? ¿por qué me mimas? Tu niñita está creciendo. Mamá, ¿por qué no vienes a visitarme? Mamá ¿por qué es tan difícil hacer nuevos amigos? Papá, ¿por qué extraño no estar en casa?

Papá, ¿por qué se detiene mi corazón cuando él me mira a los ojos? Mamá, ¿por qué me tiemblan las piernas cuando escucho su voz? Mamá, ¿por qué estar enamorado es el sentimiento más maravilloso del mundo?

Papá ¿por qué no te agrada que te llamen "abuelito"? Mamá, ¿por qué los deditos de mi bebé se aferran con tanta fuerza a los míos?

Mamá, ¿por qué tienen que crecer ? Papá ¿por qué tienen que irse? ¿Por qué me tienen que llamar "abuelita"?

Mamá, papá, ¿por qué me abandonaron? Yo los necesitaba.

¿Por qué pasó mi juventud sin advertirlo? ¿Por qué nuestra mi rostro todas las sonrisas que he dado alguna vez a un amigo o a un desconocido? ¿Por qué brillan mis cabellos como la plata? ¿Por qué tiemblan mis manos cuando me inclino a recoger una flor?

¿Por qué, Dios, las rosas son rojas?

Cuando terminé de leer el cuento, mis ojos encontraron los del señor Reynolds, y vi que una lágrima se deslizaba lentamente por sus mejillas. Fue entonces cuando comprendí que la vida no siempre se basa en las respuestas que recibimos, sino también en las preguntas que hacemos.

Christy Carter Koski

10

A TRAVÉS DE LAS GENERACIONES

Soy la mujer que sostiene el cielo.
El arco iris pasa por mis ojos.
El sol se abre camino hasta mi vientre.
Mis pensamientos tienen la forma de las nubes.
Pero mis palabras aún están por venir.

Poema Ute

Sobre dar a luz

Cuando nace un niño, nace una abuela.

Judith Levy

Hay algo que decir acerca de dejar una parte de sí en la forma de un hijo. Veintisiete años atrás contemplé por primera vez a mi hija, cuando la colocaron sobre mi vientre, con el cordón umbilical aún en mi cuerpo. Me miró y sus pequeños ojos parecían infinitos. Presencié un pedazo de mí tendido allí y, sin embargo, era tan extraña y maravillosamente única.

Hoy estoy a su lado, secando el sudor de su rostro y recordándole que debe concentrarse en los movimientos de parto de su propio cuerpo, en lugar de concentrarse en el dolor y el temor.

Siempre la ha aterrorizado el dolor. No obstante, ha rechazado todas las drogas... y está dispuesta a poner en práctica su determinación de dar a luz a su bebé como lo quiere la naturaleza, como lo hizo la serie interminable de sus antepasadas.

Siglos de pujar, prepararse, suspirar ... y luego, la hija de mi hija es colocada sobre el pecho de su madre y mira a su madre a los ojos. El Gran Misterio me bendice de nuevo, me permite ver a mi nieta, aquella parte de mí que entrará al futuro y moldeará a su vez a su propia hija, mi bisnieta.

Kay Cordell Whitaker

Una muñeca para la bisabuela

Cuando mi abuelo murió, mi abuela de ochenta y tres años, antes llena de vida, comenzó a esfumarse. Ya no podía manejar su propia casa, así que se mudó a casa de mi madre, donde la visitaban a menudo otros miembros de su grande y amorosa familia (dos hijos, ocho nietos, veintidós bisnietos y dos tataranietos). Aún pasaba días buenos pero era difícil despertar su interés.

Una fría tarde de diciembre, hace tres años, mi hija Meagan (quien entonces tenía ocho) y yo fuimos a hacerle una larga visita a su bisabuela, cuando advirtió que Meagan había traído su muñeca predilecta.

—Yo también tuve una muñeca especial cuando era niña —le dijo a la asombrada Meagan—. Me la dieron para Navidad, cuando tenía tu edad. Vivía en una vieja hacienda en Maine con mamá, papá y mis cuatro hermanas; el primer regalo que abrí aquella Navidad era la muñeca más bella que puedas imaginarte. Tenía un exquisito rostro de porcelana pintado a mano, y sus largos cabellos castaños estaban recogidos atrás con una gran cinta de color rosa. Sus ojos, de un azul intenso, se abrían y se cerraban. Recuerdo que tenía un cuerpo de cabritilla, y sus brazos y piernas se doblaban en las articulaciones.

La voz de la bisabuela bajó de volumen, adquiriendo un tono casi reverencial.

—Mi muñeca tenía un delicado vestido rosado, bordado de encaje. Pero lo que más recuerdo eran sus enaguas. Eran de fina batista, adornadas con encaje. Y los diminutos botones de sus botines eran de verdad... Recibir una muñeca tan elegante era un milagro para una niña del campo como yo... Mis padres debieron de sacrificarse mucho para comprarla, pero ¡qué feliz estaba aquella mañana!

Los ojos de la abuela se llenaron de lágrimas y su voz temblaba de emoción mientras recordaba aquellas Navidades.

—Jugué con mi muñeca toda la mañana. Era tan bella... Y luego ocurrió. Mi madre nos llamó al comedor para la cena de Navidad, y con cuidado, puse mi muñeca sobre la mesa del salón. Pero cuando entré a reunirme con la familia, escuché un golpe muy fuerte. No tuve que volverme... sabía que era mi preciosa muñeca. Así fue. Sus enaguas de encaje colgaban lo suficiente de la mesa como para que mi hermana menor las alcanzara y tirara de ellas. Salí corriendo del comedor y encontré a mi bella muñeca en el suelo, con el rostro destrozado en mil pedazos. Todavía veo a mi madre tratando de arreglarla. Pero era imposible. Se había ido para siempre.

Pocos años después, la hermana menor de la abuela también había partido, le dijo a Meagan, víctima de una neumonía. Ahora lloraba a lágrima viva, no sólo por la muñeca y la hermana perdidas, sino también por el tiempo que había pasado.

Durante el resto de la visita, Meagan permaneció pensativa. En cuando se subió al auto para ir a casa, exclamó:

—Mamá, ¡tengo una gran idea! Regalemos a la bisabuela

una muñeca nueva para la Navidad, una exactamente igual a la que se le rompió. Así no llorará cuando se acuerde de ella.

Mi corazón se llenó de orgullo al escuchar las compasivas palabras de mi hijita. ¿Pero dónde hallaríamos una muñeca que se adecuara a ese dilecto recuerdo de la abuela?

Como dicen, cuando hay voluntad, hay un camino. Le conté mi problema a Liz y Chris, mis mejores amigas. Liz me puso en contacto con un fabricante que hacía cabezas, manos y pies de muñecas en cerámica, que se asemejaban mucho a las antiguas muñecas de porcelana. Le encargué una cabeza de muñeca al estilo de las de comienzos de siglo, aclarándole que tuviera "grandes ojos azules, que se abrieran y cerraran", manos y pies. En una fábrica de muñecas encargué una peluca con largos cabellos castaños y un cuerpo de cabritilla, y Meagan y yo buscamos la batista, el encaje y la cinta para reproducir el vestido que tan amorosamente había descrito la bisabuela. Liz, quien tenía experiencia con fundición de goma, se ofreció a armar la muñeca. Mientras se aproximaba velozmente el día de Navidad, Chris me ayudó a confeccionar el vestido, junto con las enaguas de encaje y las tres buscamos "los botines con botones de verdad". Entretanto, Meagan escribió e ilustró la historia de la muñeca perdida.

Por fin terminamos nuestra creación. A nuestros ojos era perfecta, aunque, desde luego, no era exactamente igual a la muñeca que la bisabuela había amado tanto. ¿Pensaría que se asemejaba en algo a ésta?

La víspera de Navidad, Meagan y yo llevamos nuestro regalo, alegremente empacado, a la bisabuela. Se encontraba rodeada de hijos, padres, tías, tíos y primos.

—Esto es para ti —le dijo Meagan—, pero primero debes leer el cuento que viene con el regalo.

—Léelo en voz alta —le pidió uno de los niños.

En cuanto terminó de leer la primera página, la voz de la bisabuela se quebró y no pudo continuar, pero Meagan prosiguió donde se había detenido. Luego llegó el momento de abrir el regalo.

Nunca olvidaré la expresión de su rostro cuando levantó la muñeca y la oprimió contra su pecho. De nuevo rodaron las lágrimas por sus mejillas, pero esta vez eran lágrimas de alegría. Meciendo la muñeca en sus frágiles brazos, repetía una y otra vez: "Es exactamente como mi otra muñeca, exactamente igual".

Quizá no lo decía por pura cortesía. Quizá, por imposible que parezca, habíamos conseguido reproducir una copia bastante cercana de la muñeca que ella recordaba. Pero cuando vi a mi hija de ocho años y a su bisabuela examinando juntas la muñeca, pensé en una explicación más probable. Lo que tal vez realmente reconoció la bisabuela fue el amor que inspiró el regalo. Y el amor, no importa de dónde provenga, siempre luce igual.

Jacqueline Hickey

Acompañándonos a casa

—Sería una negligencia permitir que mamá siga sola en la casa por más tiempo.

Las palabras de mi hermano en el teléfono desencadenaron de inmediato una serie de acontecimientos, entre ellos ayudar a mamá a mudarse de la casita donde había vivido durante cerca de sesenta años a un apartamento para personas retiradas a ciento cincuenta kilómetros de allí. La recuerdo, indefensa, en su cocina amarilla, con los hombros caídos, presintiendo que algo malo sucedería, pero sin recordar qué era. No soporto pensar en los últimos siete días que pasó en aquella casa, sola, a punto de enfrentar una mudanza dolorosa que la apartaría de sus preciadas raíces.

Al día siguiente, cuando terminé mis clases fui a la casa para ayudarla.

Los siete días que pasé allí fueron agridulces: de los más enriquecedores de mi vida, pero también de los más difíciles y conmovedores. El estado de ánimo de mi madre era obvio. Me dijo por teléfono que había comenzado a empacar, pero cuando llegué sólo había dos cajas de cartón abiertas en una de las habitaciones. En una caja se encuentran dos carpetas de ganchillo que tejió antes de casarse con mi padre. La otra contiene tres rollos de papel higiénico... nada más. Hasta ahí llega el "embalaje"; lo demás la abruma demasiado. "No sé por dónde empezar, Rita", me confiesa. Y mi corazón llora con ella.

No nos pusimos a embalar. De hecho, durante toda la semana que estoy con ella, no bajamos un solo cuadro ni perturbamos de ninguna manera el orden de la casa. (Las órdenes de mis hermanas habían sido: "Tú serás la vanguardia, Rita. Acompáñala en su pena y sus adioses. Cuando lleguemos, nosotras guardaremos todo. ¿Está bien?".)

Trato de pensar en algo que anime a mamá: quizá podamos caminar un poco al lado del lago... esto seguro la alegrará. En mis recuerdos más tempranos y claros de mi madre la veo caminar a todas partes, pues la familia no tenía auto. ¡Era una caminante confiada y alegre! Un recuerdo especialmente vívido se grabó en mi mente a los nueve años. Es un caluroso día de agosto. Mamá camina con energía junto al lago que está frente a casa, dirigiéndose al hospital que se encuentra al otro lado para dar a luz a mi hermana Mary. ¿A dar a luz? ¿Caminando con energía? Sí. Mi padre apenas podía seguirle el paso.

En cierta forma, caminar ha sido siempre la razón principal del estado de bienestar de mi madre. La nutre, genera en ella una actitud positiva acerca de sí misma, le da una extraordinaria sensación de vitalidad.

En años recientes, cuando todos sus hijos han partido, caminar alrededor de aquel pequeño lago es un placer diario para mamá, pese a que ahora tiene auto y no es preciso que vaya caminando a todas partes. Es también uno de nuestros ritos predilectos cuando voy a visitarla. En los últimos tres o cuatro años, sin embargo, sus pies inflamados y dolorosos no se lo permitieron, para su gran desconsuelo. No obstante, antes de ir a verla, siempre le pregunto:

—¿Podrás salir hoy a caminar, mamá?

El día de mi llegada, ante mi gran sorpresa —como si lo estuviera esperando— responde:

—¡Seguro que sí!

El perímetro del lago tiene quizás unos quinientos metros de extensión. Damos tres vueltas a su alrededor sin descansar, deteniéndonos después de cada vuelta para ver si es hora de regresar a casa.

—¡Sigamos! —sonríe, como diciéndome: "¿Ves?, ¡todavía puedo hacer *esto!*"

Ambas estamos asombradas y felices con su nueva fortaleza. Y ella está muy orgullosa.

Pero los días siguientes apenas puede caminar, y menos alrededor del lago; el solo hecho de entrar y salir del auto es un esfuerzo para ella.

—Seguramente abusé aquel primer día, Rita —me dice.

Sin embargo, todos los días, cuando me dispongo a salir a caminar, la invito por si se siente lo suficientemente bien para acompañarme. Ambas nos decepcionamos cuando ni siquiera puede dar un paseo.

Durante aquellos siete días, mamá y yo reímos mucho y lloramos un poco. Llevamos una vida bastante normal. A veces vamos a misa a la mañana. En otras ocasiones invitamos a sus mejores amigas a almorzar. En cualquier momento del día o de la noche, nos hundimos en las mecedoras del salón, contemplando durante horas nuestro paisaje favorito: el lago y los árboles del frente de la casa. ¡Cómo ama aquel lago! Todos lo amamos. Miramos un poco de televisión... las noticias, en especial el boletín meteorológico, Lawrence Welk, *La rueda de la fortuna...*

Todos los días, a las cinco de la tarde, da comienzo la mágica "hora feliz". A las 4:55, mamá comienza a preparar bocadillos mientras yo me ocupo de las bebidas. Y siempre entrechocamos nuestros vasos como señal de que la "hora feliz" se ha iniciado oficialmente. (Más de una vez, en aquella semana, las palabras del brindis se me atoran en la garganta.) Después de la hora feliz, preparamos juntas la cena. Luego hacemos palomitas de maíz. Tal vez jugamos a las cartas. Durante todo el tiempo, hay una nube suspendida sobre estas actividades cotidianas que hemos disfrutado tanto a través de los años.

Los pequeños derrames que sufrió algunas semanas atrás no le permiten conducir, así que hacemos juntas las cosas que no puede hacer sola: vamos al banco, al mercado, a la tienda. La llevo para que la mujer que le ha hecho la permanente durante treinta y cinco años lo haga por última vez; la acompaño a ver al contador que se ha ocupado de los impuestos de la familia Bresnahan desde 1930. Cuando regresamos a casa, siempre nos detenemos a contemplar de nuevo el lago, a veces brevemente, otras veces evocando.

Algunos aspectos del lago la intrigan:

—Mira cómo brilla el agua, parece que tuviera diamantes.

—Las olas están muy altas hoy, ¿verdad, Rita?

—¿No está linda la fuente?

—¡Cuánta gente ha salido hoy a caminar! ¿Ves a aquella señora con ese extraño sombrero rojo?

Demasiado pronto, mi tiempo con ella llega a su fin. El último día que paso en casa, el último día que pasaré en esta casita, me levanto temprano para hacer un poco de ejercicio antes de tomar el avión. Mamá está despierta pero aún se encuentra en la cama, y a mi invitación habitual de salir a caminar responde, con tristeza:

—No, me duelen demasiado las piernas. Ve tú.

Cuando salgo al frío —a la nublada mañana de Illinois, con una visibilidad de menos de cien metros— tengo el corazón apesadumbrado. Salgo con energía y veo otras pocas almas valientes, meras sombras en la niebla, que hacen sus ejercicios matutinos. Camino tres o cuatro veces alrededor del lago y luego, cuando bordeo la curva que me lleva al frente de nuestra casita, veo una figura con una larga túnica que se acerca lentamente a través de la niebla. Al aproximarse, advierto que es mi madre. Levanta la mano para saludar, y corro a su encuentro gritando "¡Mamá!" Un largo impermeable café cubre su delgada camisa de dormir.

—Tenía que venir a acompañarte, Rita. ¿Vas a dar otra vuelta?

—No sé, mamá. ¿*Tú* quieres ir?

Permanece en silencio un momento, desgarrada, al parecer, por un conflicto interior entre su espíritu indomable, que ha navegado este lago durante casi sesenta años y anhela hacerlo por última vez, y los huesos y músculos de sus piernas, que ya no la sostienen y que exclaman "¡De ninguna manera!". La lucha se refleja en su rostro. Niega con la cabeza, lentamente, mira el lago con gran tristeza y susurra vacilante:

—Oh, Rita... sólo... acompañémonos... a casa.

Nos volvemos con los brazos entrelazados y, paso a paso, caminamos lentamente los cinco minutos que nos separan de la casita. Es nuestro último paseo juntas aquí —lo sentimos en nuestros huesos—. Puedo escuchar el jadeo de su pecho allí donde se unen nuestros brazos. Por mi parte, cincuenta y ocho años de recuerdos me abruman y se agolpan en mis mejillas. Nos sostenemos con fuerza, cada una del brazo de la otra.

La casita nos ofrece su calor acogedor. Más que nunca, me parece que es un territorio sagrado, enriquecido con la plenitud de la vida que se ha vivido en él. Territorio sagrado donde, de niña, no sólo aprendí a caminar, sino a "caminar con otros". Oleadas de gratitud me inundan por lo que aquí me enseñaron mis padres, y por la forma de caminar de mamá... especialmente por su forma de caminar...

La ayudo a deshacerse de su impermeable húmedo y a ponerse su cálida bata de mangas de encaje. Temblando y tiritando mientras la anuda, se dirige a la estufa para poner a calentar el agua del té, como lo ha hecho todas las mañanas durante sesenta años.

—Vamos, Rita. Tomemos juntas una taza de té.

Rita Bresnahan

Cómo se hace una mujer

Junto a mi padre, miraba cómo mamá bajaba la escalera. Primero aparecieron las puntas de sus zapatos de satén, de taco alto, seguidas por unas piernas suaves. El borde de su vestido Chanel gris de seda flotaba como una nube de niebla. La falda se estrechaba hasta la delgada cintura, y se ensanchaba de nuevo para ceñir un par de senos orgullosos, contra un chal de satén rojo que enmarcaba sus hombros desnudos y colgaba de sus brazos. Era la síntesis de la elegancia de los años sesenta. Su perfume intenso, delicioso, llegaba hasta nosotros...

Volví la mirada hacia mi padre para ver si le agradaba y quedé estupefacta al advertir la nueva expresión de su rostro. Levantó la mirada hacia esta criatura que ya no era su esposa con un brillo que parecía clavarla como a una mariposa con un alfiler. Ella se detuvo en la mitad de un escalón. Una sonrisa un poco sorprendida se esbozó en sus labios.

—Y bien —murmuró—, ¿cómo me veo?

—Ven acá —le dijo él... más bien se lo ordenó.

Contemplaba fijamente a aquellas dos personas que alguna vez habían sido mis padres. Parecían compartir un secreto que, aunque resulte extraño, obviamente nada tenía que ver conmigo. Sentí la necesidad urgente de ubicarme entre ellos. Vi que él le colocaba su abrigo de noche sobre los hombros. Se inclinó, le murmuró algo en el oído y ella echó la cabeza hacia atrás. Un secreto apareció en sus ojos. Mi mente captó aquel instante como la lente de una cámara. Permaneció conmigo mucho después de que la puerta se cerrara tras ellos.

Al día siguiente, estaba sentada en la silla de mi padre aguardando a que llegara a casa. Llevaba puesto el vestido Chanel de mi madre, con el cinturón mucho más allá del último ojal. Había descubierto que si hundía el estómago y levantaba las costillas, daba la impresión de tener senos. Aguardaba con las piernas desnudas estiradas al frente, como las modelos. Advertí la mancha que hizo el lápiz labial cuando se me cayó el tubo, saltando del gabinete del baño y escurriéndose por mi falda. Lo escondí en un pliegue de la tela. Entonces escuché la llave en la puerta. Levanté rápidamente el pecho.

Se detuvo cuando me vio. Se disponía a saludarme como de costumbre, pero notó algo diferente. Pude ver cómo el día de trabajo se alejaba de su mente como un fardo polvoriento cuando vio el vestido, el rostro maquillado, la pose. Sus ojos se suavizaron y su rostro insinuó una sonrisa con todo el encanto de Desi Arnaz.

—¡Bien! —exclamó—. ¿Es mi día de suerte? Déjame verte.

Me levanté de la silla y avancé hacia él, caminando con cuidado. Sus ojos divertidos se detuvieron en la mancha roja que atravesaba la falda y su expresión cambió. Me miró duramente. Quedé inmóvil, advirtiendo por primera vez lo que había hecho: el vestido predilecto de mamá, de un precio imposible, el regalo de Navidad de papá. Nos miramos a los ojos; su mirada parecía un cuchillo que me atravesaba...

De repente se puso en cuclillas y me miró a la cara. Vi las arrugas alrededor de sus ojos, pequeños rayos no curtidos por el sol, y el cabello castaño y lacio, con la capa rubia encima. Vi mi propio cuerpo delgado sumido en ese océano de seda fría. Luego escuché que me susurraba:

—Estás creciendo muy rápido, ¿lo sabes? Algún día, cuando menos me lo espere, serás la chica más popular del pueblo. Tu viejo papá no podrá abrirse camino entre todos esos chicos, ¿verdad?

Al mismo tiempo me levantó y me estrechó en un enorme abrazo de oso. Los zapatos de mi madre salieron volando de mis pies y aterrizaron sin ruido en la alfombra. Me hizo perder el aliento, con su barba sin afeitar en mi cuello, riendo estrepitosamente antes de depositarme de nuevo en el suelo con suavidad. Se puso otra vez en cuclillas.

—Oye, no crezcas tan pronto —me ordenó, dándome un golpecito en mi nariz chata y sin gracia.

Por primera vez no la llamó "el terreno de cultivo de las pecas".

Doni Tamblyn

Tributo a papá

Mi padre murió tres semanas después de cumplir ochenta años. Nadie se enteró de su muerte por los titulares, pues nunca inventó nada, ni apareció en el cine, ni amasó una gran fortuna. Su mayor realización era ser una buena persona. Pero esto nunca llega a oídos de los diarios. "Harold Halperin. Buena persona, muere a los ochenta años".

Durante la mayor parte de su vida fue el propietario de una farmacia en compañía de su cuñado. Era una tienda anticuada con buen servicio, una fuente de soda, una máquina de goma de mascar que todavía costaba un penique y donde incluso podía ganarse un "premio" canjeable por una barra de chocolate. Aun cuando sus clientes habrían podido comprar los medicamentos a un precio más bajo en la gran farmacia instalada enfrente, acudían a la botica de mi padre porque su "Hola, señor Jones" era más beneficioso para su salud que cualquier droga.

Cuando se jubiló, a los setenta años, mi padre inició una segunda carrera. Trabajaba para la compañía Hershey, distribuyendo golosinas en las confiterías y pastelerías locales. Aun cuando debía desechar los caramelos cuya fecha de vencimiento hubiera expirado, uno de los placeres más grandes de su vida era compartirlos con los niños del vecindario o llevarlos a los albergues de indigentes para que ellos los disfrutaran. Todos lo llamaban el Hombre de los Caramelos.

Desde que se le diagnosticó cáncer del páncreas hasta el momento de su muerte pasaron menos de cuatro meses. Aquellos cuatro meses fueron un regalo para él y para nosotros: no duró lo suficiente como para sufrir mucho, pero sí lo suficiente para que todos pudiéramos despedirnos de él y sentirnos plenos. Fue también el tiempo necesario para darme cuenta no sólo de quién era, sino también de su manera de darnos su amor. Nunca me había detenido a advertirlo.

Fui yo quien le dio la despedida final:

Ayer a la mañana, durante el sabbath, murió mi maravilloso padre. Cuando pensaba en las palabras que pronunciaría durante su funeral, me pregunté: "¿Qué tributo puede hacérsele a un hombre cuya vida entera fue un tributo a la bondad, a la gentileza, al cuidado y a la generosidad? En realidad no son necesarias las palabras, porque la vida de mi padre habló con suficiente fuerza y claridad por sí sola.

Todos sabemos quién fue Harold Halperin. Fue el amigo predilecto de todos. El vecino predilecto. El tío predilecto. El patrón predilecto. El empleado predilecto. No tenía un solo enemigo en el mundo. No creo que nadie que lo conociera pudiera no amarlo. Era un gentilhombre y un hombre gentil.

No es que fuera perfecto; ningún ser humano lo es. Pero en toda mi vida, e incluso en los momentos más difíciles para él —y hubo

*algunos que realmente lo pusieron a prueba—,
nunca sentí que no estuviera conmigo con todo
su corazón y su amor.*

*Todos lo extrañaremos. Yo lo echaré de menos
porque era la única persona que me decía a
menudo que era tan bella que habría debido ser
estrella de cine... y realmente lo creía.*

*Mis hijos lo extrañarán porque nunca hubo un
abuelo más cariñoso. Desearía que hubieran
visto cómo jugaba con sus nietos. El amor que
expresaban sus ojos, la forma en que los
adoraba... ¡y cómo lo amaban ellos! Siempre
decían, "Abuelo, mírame", "Abuelo, ven",
"Abuelo, ¡juega conmigo!". Y allí estaba él, en el
suelo con ellos, sin importarle cuánto le costaría
ponerse de pie otra vez.*

*Y mamá... ¿qué puedo decir del amor que se
tenían? Durante cuarenta y siete años, esta
pareja se dedicó por completo el uno al otro. Mi
esposo y mi madre hablaban ayer, y mamá le
dijo: "Si tan sólo Debbie y tú pudieran tener un
matrimonio como el que tuvimos Harold y yo...
En cuarenta y siete años, jamás nos fuimos a la
cama peleados". A lo que mi esposo repuso:
"Ceil, creo que ya lo malogramos".*

*Uno de mis recuerdos más vívidos de mi infancia
era cuando papá regresaba del trabajo a las seis
y media para la cena. Mi hermano y yo
escuchábamos el timbre de la puerta... nuestra
broma privada era que seguía apretándolo continuamente hasta que llegábamos. Estábamos
haciendo nuestros deberes o mirando televisión y
nos gritábamos el uno al otro, "Llegó papá, ¡llegó*

papá!". Entonces corríamos escaleras abajo, abríamos la puerta, y él siempre decía: "¿Por qué tardaron tanto?". El momento más maravilloso del día era cuando papá regresaba a casa.

Un segundo recuerdo muy vívido era el ritual de la cena. Cuando nos sentábamos a la mesa, papá ponía su mano en el brazo de mamá y decía: "¿Saben que tienen la madre más maravillosa del mundo?". Solía repetirlo todas las noches.

Mis padres vivieron sus últimos días como habían vivido el resto de su vida. Mi madre amándolo y atendiendo todas sus necesidades durante las veinticuatro horas. Haciendo todo lo humanamente posible para que pudiera morir con dignidad, en su propia cama y sin sufrimiento. Y mi padre, cuando ya le quedaban pocas horas, aún se preocupaba por asegurarse de que todo estuviera en orden para su esposa y sus hijos.

Hace poco, papá estaba tan débil que apenas podía hablar. Yo le decía cuánto lo quería, que había sido un padre maravilloso y qué suerte tuvimos Larry y yo de haberlo tenido como padre. Yo seguía y seguía, volcándole mi corazón, hasta que finalmente sólo le dije: "Te amo mucho, papito". En ese momento susurró algo. Al principio no pude escucharlo, así que puse mi oreja cerca de él y le pregunté: "¿Qué dijiste?". Reunió todas sus fuerzas y repitió: "Asegúrate de revisar los frenos del viejo Oldsmobile. No quiero que tu madre conduzca con el auto en esas condiciones".

Con frecuencia leemos en los diarios que ahora

no hay héroes ni grandes hombres a quienes nuestros hijos puedan admirar. Quizá mi padre no haya obtenido el premio Nobel, pero si quieren un ejemplo de un gran hombre, no es preciso buscar más allá.

Mamá y yo nunca olvidaremos la paz y dulzura de su rostro la mañana de su muerte, cuando el sol entraba por el Este, iluminando sus cabellos plateados como si mil ángeles danzaran a su alrededor.

Y nunca olvidaremos que aunque el perro del vecino ladró interminablemente todas las noches durante los meses de su enfermedad, permaneció en silencio la noche de su muerte, quieto como una roca, contemplando la ventana de su habitación como si fuese el guardián oficial de la puerta del cielo.

Te amamos, papá. Eras tan bello en la muerte como lo fuiste en vida. Te extrañaremos, pero nunca olvidaremos quién eras; siempre hablaremos de ti y les contaremos a nuestros hijos y a nuestros nietos acerca de su abuelo, quien, a pesar de que trataba de remendar los grandes aparatos con cuerda y cinta adhesiva, era para nosotros uno de los más grandes hombres que haya vivido.

Ahora ve con Dios y ve en paz.

Debra Halperin Poneman

Recuerdos de infancia

La mayor parte de las otras cosas bellas de la vida llegan en parejas o en tríos, por decenas o por centenares. Hay muchísimas rosas, estrellas, ocasos, arco iris, hermanos y hermanas, tías y primos, pero sólo hay una madre en el mundo entero.

Kate Douglas Wiggin

Se sienta pasivamente frente al televisor. No parece importarle qué programa presentan, mientras no deba levantarse a cambiar de canal. Caminar, como todo lo demás, se ha vuelto penoso para ella. Necesita ayuda para vestirse, para comer y para bañarse. No es porque su cuerpo sea viejo e inválido (tiene sólo 48 años), pero su mente sí. Tiene la enfermedad de Alzheimer. Es mi madre.

A veces parece que el tiempo no ha transcurrido desde que yo era una niña y paseábamos al aire libre. La naturaleza era una de las pasiones de mi madre. Me llevaba a la playa a explorar las mareas. Saltábamos de una roca a otra, tratando de evitar con cuidado las olas que estallaban a pocos metros de nosotras. Me enseñaba los erizos de mar con sus púas violeta y las estrellas de mar de brillantes colores. Todavía puedo sentir la fina llovizna de agua marina en mi rostro y oler el aire salado. También le agradaba llevarme a caminar por el bosque después de la lluvia. Buscábamos babosas de bananero, cuyo color amarillo brillante resplandecía como una lucecita en la oscuridad del bosque. Podíamos oler la humedad de las hojas mientras caminábamos bajo aquellos gigantes rascacielos y nos perdíamos en la majestad de ese lugar encantado.

Afectada profundamente por el activismo político de la década del sesenta, mi madre creía que luchaba por lo que consideraba correcto y protestaba contra lo que no lo era. No era extremista; sólo le importaba el mundo y las personas que viven en él. Recuerdo haber asistido con ella a una marcha por la paz cuando yo tenía cerca de diez años. Fue una silenciosa caminata nocturna por el centro de la ciudad. Cada uno de nosotros llevaba una vela que iluminaba la noche y simbolizaba nuestra esperanza de traer luz al mundo a través de nuestro mensaje silencioso.

La educación era otra cosa a la que mi madre daba gran importancia. Se recibió de licenciada en educación mientras yo asistía a la escuela primaria. Todavía no sé cómo lo hizo. Incluso en medio de sus estudios, no recuerdo una sola vez en la que no estuviera presente para mí cuando la necesitaba. Por ser educadora, investigó mucho antes de elegir un jardín de infantes para mí. La mayoría de los padres se limitaban a enviar a sus hijos a la escuela más cercana a su casa, pero mi madre me llevó a visitar varias escuelas hasta que encontró una que la satisfizo.

A menudo contemplo a mi propia hija y veo en ella a mi madre. Veo sus cabellos castaños, bellamente entretejidos con mechones rubios y luces cobrizas. Veo su quijada, que sobresale levemente de su delgado rostro, y una arruga de más en el pliegue de uno de sus párpados... son los mismos rasgos que debió de ver mi madre cuando mirándome a mí se contemplaba a sí misma.

Desde hace poco he notado que me rodeo de cosas que me la recuerdan. Cada vez que tomo una taza de té, su tranquilizante aroma me evoca todas las noches que pasó conmigo cuando estuve enferma. Cuando me visto a la mañana, me pongo una loción de aroma de hierbas y laca dulce con olor a frutas, y son las mismas que mi madre solía comprar. Cuando escucho el tono político de una canción de Joan Baez o el rítmico pulso de un canto de reggae de Jimmy Cliff, puedo escuchar la voz de mi madre. Casi nunca pasa un día sin que oiga, huela, saboree o vea algo que me trae recuerdos de ella. Estas cosas me reconfortan y me permiten escapar a mi infancia, cuando mi madre era todavía como hoy la recuerdo.

La enfermedad me ha robado a la mujer que conocí. Ella, que siempre asumió un papel muy activo en la vida, ahora permanece inmóvil. Una vez leí un poema, "A mi madre con Alzheimer", que expresa bellamente esta idea:

Dulce madre, de brillantes ojos azules,
Al verte vacía, ¡cómo llora mi corazón!

Quizá mi madre no recuerde todo lo que hizo por mí y lo que causó impacto en mi vida, pero yo no lo he olvidado. Lo más difícil es aprender a amar a la madre que tengo ahora, mientras aún disfruto de los viejos recuerdos. Rezo por ella casi todas las noches, pero mis oraciones han cambiado. Solía rogar: "Señor, permite que encuentren una cura para esto". Ahora sólo pido: "Señor, permítele ser feliz en su propio mundo, como me hizo feliz en el mío". Algunas veces, casi esperando que ella me escuche de alguna manera, le susurro: "Te amo, mamá. Te extraño".

Sasha Williams

Hilos que atan

El amor es el emblema de la eternidad; confunde toda noción de tiempo.

Anna Louise de Staël

La colcha era, evidentemente, muy vieja. Muchos de los hilos de seda casi se habían desintegrado con el tiempo, pero aún era bella. Era una variante de una vieja Cabaña de Leños, un pequeño cuadrado en una esquina con leños sólo en dos de los lados. Sí, los hilos estaban ajados y desteñidos, pero era evidente que la habían cuidado bien durante años.

La profesora de confección de acolchados la sostuvo en el aire para que todos la viéramos.

—Éste es un tipo de colcha de Cabaña de Leños que fue muy popular a mediados del siglo pasado. Ésta en particular debió de haber sido confeccionada por alguien que tenía acceso a muchos hilos, por la variedad que utilizó en la colcha. Después de que la compré, advertí que originalmente fue más grande. Alguien la había cortado por la mitad.

Todos suspiramos. ¿Quién podría cortar una colcha tan exquisita?

Una caravana de carretas parte rumbo al Oeste; 1852...

Katherine reflexionaba sobre los acontecimientos de los últimos tres años mientras se tapaba a sí misma y a su hermana Lucy con la colcha. Hoy había sido un día feliz. Habían celebrado su cumpleaños común: Katherine había cumplido trece años y Lucy tres. Katherine tenía exactamente diez años cuando nació su hermana. ¡Qué feliz se había sentido de tener por fin una hermanita! Todos sus amigos tenían familias grandes y Katherine había deseado un hermano o hermana durante largo tiempo. Por fin, su deseo se convirtió en realidad: tenía una hermana, que nació el día de su cumpleaños. Los miembros de la familia estaban contentísimos. Era como si nada malo pudiera ocurrir jamás.

Sin embargo, cuando Lucy tenía un año y medio, los sacudió la tragedia. Su madre murió. Tiempo después, su padre decidió que la pequeña familia debía mudarse al Oeste. Vendieron y regalaron muchas cosas; lo que quedó fue empacado y metido en una carreta, y partieron. A pesar de la alegría por la celebración de su cumpleaños aquel día, Katherine temblaba y apretaba más el precioso cobertor en torno a ellas. La colcha era lo único que le recordaba a su madre y a su hogar.

Lucy interrumpió el ensueño de Katherine.

—Cuéntame un cuento —le rogó—. Cuéntame la historia de la colcha.

Katherine se sonrió. Todas las noches pasaba lo mismo. A Lucy le encantaban los relatos de la colcha y a Katherine le encantaba narrárselos. La ayudaban a recordar días más felices.

—¿Cuál de ellas? —le preguntó.

Lucy pasó su mano sobre la colcha hasta que se detuvo en un pedazo azul claro con flores.

—Ésta, Katy —dijo, mirando a su hermana.

Lucy se detenía en el pedazo azul con mucha frecuencia. Era su cuento predilecto.

—Bien —comenzó Katherine—, éste es un pedazo de un vestido de fiesta que pertenecía a una joven de bellos cabellos rojos. Su nombre era Nell y todos decían que era la muchacha más bella del pueblo...

Poco después Lucy dormía, pero Katherine seguía mirando el acolchado. Cada retazo es especial, pensó, y comenzó a narrarse a sí misma algunas de las historias apresadas en los retazos de la colcha. Recuerdos de su casa, amigos, familia y tiempos más felices acudieron a su mente. Como su madre había sido costurera, casi cada sector del acolchado era diferente de los demás. Muchos llevaban elegantes sedas y brocados de los vestidos de fiesta de las jóvenes del pueblo. Algunos provenían de vestidos que habían pertenecido a Katherine. Uno del faldón del bautismo de Lucy. Otro de un vestido especial que Katherine tuvo a los ocho años. Un pedazo de vestido de novia, uno del delantal de la abuela. Esta colcha reconfortante era ahora la única posesión que daba felicidad y continuidad a su vida, y se durmió agradecida por su presencia y animada por el consuelo que le brindaba.

Los días transcurrían lentamente, mientras la familia viajaba a través de las amplias llanuras. No era fácil, pero todos trataban de estar tan alegres como podían, soñando con la nueva y mejor vida que les esperaba. Cada noche había cuentos de la colcha.

Habían estado viajando ya cerca de tres semanas cuando Lucy se enfermó. Katherine hacía todo lo que podía para que se sintiera mejor. Durante el día se sentaba con ella en la carreta. Acariciaba sus cabellos, arreglaba su almohada y le cantaba. A la noche le narraba las historias de la colcha y la sostenía mientras se quedaba dormida al son de los grillos. El corazón de Katherine estaba desgarrado de temor por su preciosa hermanita. Se arropaba con ella en la colcha y las lágrimas rodaban por sus mejillas, mientras buscaba consuelo en la calidez del acolchado.

Una tarde, cuando habían acampado, Katherine dejó a Lucy descansando y fue a buscar agua fresca a un arroyo cercano. Cuando levantó el balde, le sobrevino un sentimiento de serenidad y sintió que Lucy pronto se recuperaría.

Katherine caminó lentamente por el suave césped hacia el agua. Llenó su balde en el arroyo y se sentó. El sonido del agua al saltar entre las piedras era tranquilizador y refrescante. Se reclinó, miró el cielo azul y recordó unas palabras consoladoras: "Éste es el día que ha hecho el Señor. Regocíjense y alégrense en él". "Quizás todo siga bien", pensó.

Pasó algún tiempo y Katherine se dijo que era hora de regresar. Se levantó, tomó el pesado balde y comenzó el camino de regreso a la carreta. Cuando llegó a la pequeña colina y miró hacia allí, quedó paralizada. Tres hombres cavaban no muy lejos de la carreta.

—¡Una tumba! ¡Lucy! —gritó—. ¡Lucy, Lucy, Lucy!

Soltó el pesado balde y echó a correr. Las lágrimas rodaban por sus mejillas y sentía que el corazón se le salía del pecho, hasta que finalmente llegó al carruaje y se subió a él.

Comenzó a temblar incontrolablemente. La colcha estaba doblada en el lugar que había sido la cama de Lucy. Katherine retrocedió y por poco se cayó del vehículo. En estado de trance, llegó hasta donde estaba su padre, cerca de los hombres. Sostenía en sus brazos el cuerpo ahora inmóvil. Sus ojos enrojecidos e inflamados miraron a Katherine, y le dijo sencillamente:

—Ahora está en paz.

Katherine sólo pudo asentir con la cabeza. Se volvió, abrumada por la pena, y una de las mujeres la abrazó para conducirla de regreso a la carretera.

—Lo siento mucho, Katherine —le dijo la mujer mayor—. Necesitaremos algo para envolverla. No tiene que ser muy grande.

Katherine volvió a asentir mientras subía a la carreta. De alguna manera, encontró las tijeras. Levantó cuidadosamente la colcha y, con el corazón agobiado, comenzó a cortarla en dos.

Ann Seely
Enviado por Laura J. Teamer

Alabanza a las mujeres
que hubo en mi camino

A las mujeres que hubo en mi camino,
Que me mostraron las maneras de ir y de no ir,
Cuya fuerza y compasión sostuvieron una antorcha de
    luz y me instaron a seguir,
Cuya debilidad e ignorancia oscurecieron el sendero y
    me encaminaron hacia otro lugar.

A las mujeres que hubo en mi camino,
Que me mostraron cómo vivir y cómo no vivir,
Cuyas gracias, éxito y gratitud me elevaron hasta la
    plenitud de mi entrega a Dios,
Cuya amargura, envidia y talento desperdiciado me
    alertaron sobre la vaciedad del egoísmo.

A las mujeres que hubo en mi camino,
Que me mostraron lo que soy y lo que no soy,
Cuyo amor, ánimo y confianza me sostuvieron tiernamente
    y me impulsaron con suavidad,
Cuya crítica, desencanto y falta de fe me condujeron a
    niveles más profundos de compromiso y decisión.

A las mujeres que hubo en mi camino,
Las que me enseñaron el amor mediante la oscuridad y
la luz,
A estas mujeres les digo
"Que Dios las bendiga"
Y les agradezco desde lo más profundo de mi corazón,
Pues por su alegría y sacrificio
He sido sanada y liberada.

Rev. Melissa M. Bowers

¿Quién es Jack Canfield?

Jack Canfield es uno de los más destacados expertos norteamericanos en el desarrollo del potencial humano y la eficiencia personal. Es un confe-rencista dinámico y divertido, así como un capacitador sumamente solicitado. Jack tiene una maravillosa habilidad para informar e inspirar al público y llevarlo a niveles superiores de autoestima y de desempeño óptimo.

Es autor y narrador de varios programas de grabaciones en cinta y videos, que incluyen, *Self-Esteem and Peak Performance, How to Build High Self-Esteem, Self-Esteem in the Classroom* y *Chicken Soup for the Soul—Live*. Se presenta con regularidad en programas de televisión tales como *Good Morning America, 20/20* y *NBC Nightly News*. Ha sido coautor de varios libros, incluyendo la serie de *Chicken Soup for the Soul, Dare to Win* y *The Aladdin Factor* (todos con Mark Victor Hansen), *100 Ways to Build Self-Concept in the Classroom* (con Harold C. Wells) y *Heart at Work* (con Jacqueline Miller).

Jack es un conferencista invitado con regularidad por asociaciones profesionales, consejos escolares, organismos gubernamentales, iglesias, hospitales, organizaciones de ventas y grandes empresas. Sus clientes incluyen American Dental Association, American Management Association, AT&T, Campbell Soup, Clairol, Domino´s Pizza, GE, ITT, Hartford Insurance, Johnson & Johnson, Million Dollar Roundtable, NCR, New England Telephone, Re/Max, Scott Paper, TRW y Virgin Records. Jack es profesor de Income Builders International, una universidad para empresarios. Una vez al año, Jack dirige un programa de ocho días de duración para capacitar a capacitadores en las áreas de autoestima y desempeño óptimo. En este programa participan educadores, consejeros, capacitadores de padres, capacitadores de empresas, conferencistas profesionales, sacerdotes y otras personas interesadas en desarrollar su habilidad para hablar en público y dirigir seminarios.

Para mayor información acerca de los libros, grabaciones, programas de capacitación o presentaciones de Jack Canfield, puedes dirigirte a:

The Canfield Training Group
P.O. Box 30880, Santa Barbara, CA 93130
Tel.: 800-237-8336 / Fax: 805-563-2945
Página web: http://www.chickensoup.com
E-Mail: soup4soul@aol.com
Para recibir información por correo electrónico:
chickensoup@zoom.com

¿Quién es Mark Victor Hansen?

Mark Victor Hansen es un conferencista profesional que en los últimos veinte años ha hecho más de cuatro mil presentaciones ante más de dos millones de personas en 32 países. Sus presentaciones se refieren a la excelencia y las estrategias de ventas, la valoración y el desarrollo personal, y la manera de triplicar los ingresos y duplicar el tiempo libre.

Mark ha pasado toda su vida dedicado a su misión de modificar en forma profunda y positiva la vida de la gente. A lo largo de su carrera, ha inspirado a miles de personas a crear un futuro más fructífero y lleno de sentido para sí mismas, a la vez que ha promovido la venta de bienes y servicios por valor de miles de millones de dólares.

Mark es un prolífico escritor, autor de *Future Diary*, *How to Achieve Total Prosperity*, y *The Miracle of Tithing*. Es coautor de la serie *Chicken Soup for the Soul*, de *Dare to Win* y de *The Aladdin Factor* (todos con Jack Canfield), así como de *The Master Motivator* (con Joe Batten).

Mark ha producido asimismo una biblioteca completa de programas sobre valor personal en grabaciones y videos, que permiten a su público reconocer y utilizar sus habilidades innatas para los negocios y la vida personal. Su mensaje ha hecho de él un personaje popular en la televisión y en la radio; se ha presentado en ABC, NBC, CBS, HBO, PBS y CNN. Ha aparecido también en la tapa de varias revistas, como *Success*, *Entrepreneur* y *Changes*.

Mark es un gran hombre, de corazón y de espíritu... una fuente de inspiración para quienes buscan ser mejores.

Puedes ponerte en contacto con Mark en la siguiente dirección:

P.O. Box 7665
Newport Beach, CA 92658
Tel.: 714-759-9304 / 800-433-2314
Fax: 714-722-6912

¿Quién es Jennifer Read Hawthorne?

Jennifer Read Hawthorne es cofundadora de The Esteem Group, una compañía que se especializa en programas de autoestima e inspiración para mujeres.

Conferencista profesional desde 1975, ha expuesto ante miles de mujeres en todo el mundo sus ideas acerca del crecimiento personal, el desarrollo de sí mismas y el éxito profesional.

Es dueña de Hawthorne Training Services, Inc., una compañía que desarrolla y ofrece cursos sobre redacción técnica y comercial a instituciones comerciales, gubernamentales y educativas. Sus clientes incluyen AT&T, Delta Air Lines, Hallmark Cards, The American Legion, NutraSweet, Union Pacific, The Norand Corporation, el estado de Iowa, Cargill and Clemson University.

Jennifer se unió a *Sopa de Pollo para el Alma* hace varios años, cuando comenzó a trabajar con Jack Canfield y Mark Victor Hansen ofreciendo conferencias y seminarios basadas en el mensaje de esta serie. Dado que ya se había especializado en programas para mujeres, consideró natural que el siguiente paso fuera aliarse con Jack, Mark y su socia Marci Shimoff como coautora de *Sopa de Pollo para el Alma de la Mujer.*

Jennifer es conocida como una conferencista dinámica e inspiradora, con un gran sentido del humor y un don especial para la narración. Desde muy temprana edad desarrolló un profundo aprecio y amor por el lenguaje, cultivado por sus padres. De hecho, atribuye su afición por las narraciones al legado de su difunto padre, Brooks Read, un famoso narrador cuyos cuentos originales sobre Brer Rabbit colmaron de magia la infancia de Jennifer y le inculcaron el poder de la palabra.

Años después amplió su conciencia sobre la influencia de las narraciones en los extensos viajes que realizó por todo el mundo. Como voluntaria de los Cuerpos de Paz, enseñó inglés como idioma extranjero en África Occidental y descubrió el carácter universal de los relatos como medio para enseñar, conmover, elevar y conectar a la gente. Manifiesta que nunca sintió esta conexión más profundamente como cuando trabajaba en *Sopa de Pollo para el Alma de la Mujer.*

Jennifer nació en Baton Rouge, Louisiana, y se graduó en periodismo en la Universidad del Estado de Louisiana. Vive en Fairfield, Iowa, con su esposo, Dan, y sus dos hijastros, Amy y William.

Para obtener información adicional sobre sus conferencias y cursos de capacitación, puede ponerse en contacto con ella en la siguiente dirección:

The Esteem Group
1105 South D Street
Fairfield, Iowa 52556
Tel.: 515-472-7136 / Fax: 515-469-6908

¿Quién es Marci Shimoff?

Marci Shimoff es una conferencista profesional y capacitadora que ha inspirado a miles de personas en todo el mundo con su mensaje de desarrollo personal y profesional. Durante los últimos dieciséis años ha dirigido seminarios y dictado conferencias sobre autoestima, manejo del estrés, habilidades para la comunicación y desempeño óptimo.

Es la capacitadora mejor calificada entre las quinientas compañías de la revista *Fortune*. Ha trabajado con clientes como AT&T, General Motors, Sears, Amoco, Western Union y Bristol-Myers Squibb. Ha sido invitada como conferencista principal por varias organizaciones profesionales, universidades y asociaciones femeninas, y es conocida por su sentido del humor y sus dinámicas presentaciones.

Marci combina su enérgico estilo con una sólida base de conocimientos. Obtuvo su licenciatura en la Universidad de California en Los Ángeles (UCLA); estudió además durante un año en los Estados Unidos y Europa para obtener el certificado avanzado como consultora para el manejo del estrés.

En 1983, Marci fue coautora de un estudio muy bien conceptuado acerca de las cincuenta mujeres de negocios más importantes de Estados Unidos. Desde entonces se ha especializado en el público femenino, centrándose en ayudar a las mujeres a descubrir lo extraordinario en su interior. Junto con su socia, Jennifer Hawthorne, es cofundadora de The Esteem Group, una compañía que ofrece programas de autoestima e inspiración para mujeres.

Desde 1989, Marci se ha dedicado al estudio de la autoestima con Jack Canfield y ha sido su asistente en el programa anual de capacitación de capacitadores para profesionales. En los últimos años, ha dictado conferencias basadas en el mensaje de *Sopa de Pollo para el Alma,* junto con Jack Canfield y Mark Victor Hansen.

Dada su amplia experiencia con el público femenino y su colaboración previa en esta serie, se unió a Jennifer, Jack y Mark como coautora de *Sopa de Pollo para el Alma de la Mujer.*

Afirma que de todos los proyectos en los que ha trabajado durante su carrera, ninguno ha sido más satisfactorio que este último. Está muy entusiasmada por la oportunidad de ayudar a conmover los corazones y atizar el espíritu de millones de mujeres en todo el mundo a través de los relatos de este libro.

Para mayor información acerca de la programación de conferencias o de la labor de Marci como consultora, pueden ponerse en contacto con ella en la siguiente dirección:

The Esteem Group
1105 South D Street
Fairfield, Iowa 52556
Tel.: 515-472-9394 / Fax: 515-472-5065

Colaboradores

Melody Arnett ve a todos como maestros. Sus dos hijas y muchas de sus amistades se cuentan entre sus mayores bendiciones. Trabaja con las personas sin hogar y con los estudiantes de segundo idioma en un aula que irradia vida y aprendizaje. Como abogada de las víctimas de la violencia doméstica, cree en la importancia de ayudarlas a autovalorarse. Melody disfruta del arte de la narrativa y la escritura; ésta es su primera publicación a nivel nacional. P.O. Box 692, Grass Valley, CA 95945.

Marsha Arons es asistente de dirección del American Jewish Committee de la región del Medio Oeste. Es también redactora free-lance para publicaciones judías locales y nacionales, así como para publicaciones seculares. Sus artículos han aparecido en *Good Housekeeping, Reader' s Digest, JUF News, The Chicago Jewish News y Jewish Image Magazine.* Casada y madre de cuatro hijas, Marsha escribe sobre temas tales como los valores familiares, los niños, la educación y el papel del feminismo en el judaísmo ortodoxo, así como sobre una serie de tópicos de interés general. Ha escrito un libro para adultos jóvenes titulado *A Most Remarkable Summer* y actualmente trabaja en una colección de cuentos acerca de las relaciones entre madres e hijas.

Sue Augustine es reconocida internacionalmente como una conferencista a quien siempre se recuerda. Ofrece más de cien conferencias y seminarios cada año, centrados en el manejo del cambio, de la tensión nerviosa y del aprovechamiento del tiempo para profesionales, así como en el desarrollo de la confianza y la asunción positiva de riesgos para mujeres. Sue es escritora y ha producido también varios programas grabados. Augustine Training and Development, RR#1, St. Catharines, Ont., Canadá L2R 6P7. Tel.: 905-687-8474.

Beverly M. Bartlett, nacida en San Francisco, reside ahora en Cleveland con su esposo, después de vivir varios años en Alemania. Aun cuando había viajado y estudiado en Europa antes de vivir allí, la época pasada en Alemania fue una experiencia reveladora para ella. Conocer a otras personas, incluyendo a los refugiados, y aprender su lengua y cultura, es algo que aprecia profundamente. Es dueña de una empresa de tarjetas comerciales personalizadas. 2215 Overlook Road, Apt. 8, Cleveland, OH 44106. Tel.: 216-791-3726.

Edgar Bledsoe nació en una granja en el nordeste del estado de Missouri. Fue una de las personas que se mudaron a California durante la década de 1930, cuando la Gran Depresión interrumpió sus estudios en Texas Tech. Tuvo una exitosa carrera de ventas en la Kaiser Aluminum Company. Ahora se ha jubilado y vive con su esposa, Marian, en Green Valley, Arizona.

Jean Bole obtuvo un certificado de Rehabilitación Restauradora y es instructora de CNA. Trabaja actualmente como profesora asistente en varias universidades, instructora de asistentes de enfermería y asociaciones de cuidado de pacientes, y consultora de Control Alternativo y Reducción del Control en instituciones de cuidados a largo plazo. Ha publicado narraciones y poemas. P.O. Box 11, Crete, IL 60417.

Melissa Masters Bowers es ministra protestante, escritora y conferencista. Después de pasar siete años en una parroquia de la Costa Oeste, se mudó con su familia al Medio Oeste para dedicarse a su carrera predilecta: ¡ser madre! Es columnista de la revista *New Perspectives,* escritora y conferencista. Melissa se especializa en temas que promueven la integridad y la compasión. 511 N. Main St., Lee´s Summit, MO 64063. Tel.: 812-246-5799.

Rita Bresnahan ha sido profesora durante los últimos cuarenta años, psicoterapeuta por más de veinticinco y escritora desde hace cerca de un año. Su relato "Acompañándonos a casa" (escrito cuando pasaba el verano de 1995 en Illinois para disfrutar de algún tiempo con su madre), será el título y el cuento principal de su próximo libro. Rita ofrece talleres y conferencias sobre temas de su predilección: envejecer conscientemente, la comunidad y espiritualidad de la travesía humana. 500 Wall St. #319, Seattle, WA 98121. Tel.: 206-728-5819.

Fran Capo es una cómica, conferencista y escritora que aparece en el *Guinness Book of World Records* por ser la mujer que más rápido habla en el mundo. Se ha presentado en más de setenta y seis programas de televisión y en doscientos cuarenta y ocho programas de radio. Fran divierte y educa a la vez a su público con sus conferencias llenas de energía y de veloz ritmo, tituladas "How to Get Publicity Without a Publicist" y "Humor and Business Speaking." P.O. Box 580272, Flushing, NY 11358. Tel.: 718-657-8055. E-Mail: FranCNY@aol.com.

Philip Sutton Chard es psicoterapeuta, capacitador de negocios y galardonado columnista del *Milwaukee Journal Sentinel.* Es autor de *The Healing Earth: Nature´s Medicine for the Troubled Soul* (NorthWord Press, 1994), un trabajo innovador en ecopsicología. Su dominio de la narrativa le mereció dos premios a la excelencia en la enseñanza de la Michigan State University. NEAS, Inc., 20700 Swenson Dr., #200, Waukesha, WI 53186. Tel.: 414-547-3986.

Rebecca Christian es una dramaturga, escritora de artículos de viajes y columnista criada en Dubuque, Iowa. Sus trabajos han aparecido en más de cien revistas y diarios. 641 Alta Vista St., Dubuque, IA 52001. Tel.: 319-582-9193.

Sharon Nicola Cramer se desempeña en parte como soldado de infantería, navegante, médica y oficial, y cree que la maternidad y no el ejército es el trabajo más difícil. Dirige *Mother Love,* un boletín trimestral de humor e inspiración, dirigido a otras madres "mayores". Sus ingeniosas presentaciones para niños, adultos y personas en recuperación combinan su talento para la narrativa con sus experiencias "en las trincheras". 221 West Main Street, Cary, IL 60013. Tel.: 847-516-3691.

Lillian K. Darr trabajó transitoriamente para el autor Ben Hecht y para el editor del *Saturday Review of Literature,* Norman Cousins. Es madre de dos niñas y dos varones y ha vivido en Nueva York, California, Hawai y Fairfield, Iowa, donde reside actualmente. Es fiel practicante del programa de Meditación Trascendental, con beneficios incalculables. Cinco años atrás conoció al amor de su vida, Bill Darr.

Mary Ann Detzler es esposa, madre y ministra de la Iglesia Unitaria, especializada en la enseñanza de la meditación, la prosperidad y la conciencia de sí. Le fascina dirigir retiros para mujeres. Como administradora de una organización para la educación espiritual, viaja a menudo al extranjero y asiste a su esposo en la enseñanza de la sanación espiritual. Spiritual Response Center, 727 245th PL NE, Redmond, WA 98053. Tel.: 206-868-3643.

Betty Aboussie Ellis se especializa en el diseño, elaboración y presentación de programas de capacitación personalizados. Ella y Peter, su esposo y socio, dedican sus esfuerzos a vincular la capacitación con el trabajo cotidiano de las personas, organizando cursos de capacitación para grandes centros de servicios en los Estados Unidos y Gran Bretaña. Betty es uno de los miembros fundadores de The Outsource Alliance. Nos informa que se encuentra en excelente estado de salud. 8410 Hall, Lenexa, KS 66219. Tel.: 913-541-9267.

Sandy Ezrine es autora, capacitadora y asesora gerencial. Durante veinte años ha trabajado con fundaciones, universidades, organismos públicos y empresas privadas. Sandy se especializa en desarrollo organizacional, motivación del personal y solución de problemas. En la actualidad está dedicada a escribir un nuevo libro, *1001 Ways to Organize Anything*. P.O. Box 658, Cornville, AZ 86325. Tel.: 520-639-3311.

Dave Farrell es un galardonado periodista investigativo y columnista profesional. Durante los veinte años que se ha desempeñado como reportero se ha hecho acreedor a varios premios, incluyendo el de reportero investigativo nacional, otorgado por la Sociedad de Periodismo Profesional. En 1992 recibió la prestigiosa beca Mike Wallace Investigative Fellowship de la Universidad de Michigan. Su columna titulada, "Roadside Attractions Along the Information Highway" es distribuida por "Universal Press Syndicate" y aparece en más de treinta diarios de Estados Unidos, Canadá y Japón.

Joan Fountain es una interesante y atrayente conferencista, propietaria de la firma de capacitación y consultoría Joan Fountain & Associates. Como conferencista motivacional muy solicitada, Joan ha aparecido en programas televisivos de distribución nacional, como los de Oprah Winfrey, Phil Donahue, Sally Jesse Rafael y Montel Williams. Recomendamos su libro de inspiración, *Nothing Bad Happens — Ever*. 3104 O Street, Suite 220, Sacramento, CA 95816. Tel.: 916-454-5412. E-mail: JMFount@aol.com.

Beverly Gemigniani es maestra diplomada y ganadora por cuatro veces consecutivas de las Olimpíadas para Mayores. Las Abuelas Bailarinas tienen cuatro videos de ejercicios que han sido recomendados a las bibliotecas y por el *Consumer Digest*. Se han presentado en televisión en los programas "Donahue", "The Today Show" y "Arsenio Hall", y han bailado en el desfile del Día de Acción de Gracias de Macy. Se presentaron asimismo en la Casa Blanca. Bailan, divierten y enseñan ejercicios únicos en todos los Estados Unidos. Tel.: 602-895-7052.

Rosemarie Giessinger es columnista, conferencista y consejera parapsíquica que canaliza información sobre vidas pasadas, lecciones espirituales, ángeles y guías para sus clientes. P.O. Box 2024, Albany, OR 97321. Tel.: 541-928-5530.

Elinor Daily Hall es miembro del equipo de *Chicken Soup for the Woman's Soul*. Tiene también un negocio con su esposo, Ron. Su compañía, Global Coherence, Inc., comercializa productos que mejoran los ambientes hogareños y oficinas a condicionando la red de electricidad y los aparatos eléctricos. Tel. 800-871-0078.

Patty Hansen tiene bien ordenadas sus prioridades, y sabe que ser madre es la número uno. Siendo la otra mitad de "el equipo de Mark y Patty", divide su tiempo entre ser la principal responsable financiera de los problemas de M.V. Hansen & Associates, Inc., y ser conductora, niñera y asistente de tiempo completo para sus dos hijas, Elizabeth y Melanie. Le agrada también encontrar algún tiempo para la jardinería, criar pollos y jugar en la playa. Es coautora de *Condensed Chicken Soup for the Soul*. 711 W. 17th St. D2, Costa Mesa, CA 92627. Tel.: 714-759-9304 / 800-433-2314.

Jean Harper es piloto de United Airlines. Está casada con otro piloto de la misma compañía y tienen dos hijos. Es escritora y conferencista, y sus temas predilectos son la aviación, el cristianismo, la comunicación interpersonal y los tópicos de inspiración y motivación. 8529 E. Nichols Ave., Englewood, CO 80112-2734.

Christine Harris-Amos ha recibido una educación artística. Sus obras siempre han transmitido un sentido de amor, felicidad y volubilidad. En estos momentos ha restringido sus exposiciones a su propia casa, que también le sirve de galería de arte. Christine conoció a Wally Amos, el "Famoso", en un vuelo en el que ella era azafata. Se enamoraron y su común pasión por las galletitas de chocolate se volvió legendaria. Christine creó dos muñecas de galletitas llamadas CHIP y COOKIE y viaja en compañía de Wally y de su hija Sarah para promocionarlas. Christine vive muy feliz como madre, esposa y artista en Oahu, contemplando cómo se mecen las palmeras con el viento fresco.

Barbara Haines Howett escribió una novela de historias

interconectadas acerca del impacto cultural en Indonesia, *Ladies of the Borabudur,* distribuida por su agente literario. Obtuvo su licenciatura en Escritura Creativa en la Universidad de Antioch, ha sido profesora adjunta en Northampton Community College y dirige talleres para escritores sobre el manejo del tiempo durante los congresos a los que asisten.

Linda E. Jessup es fundadora y directora de Parent Encouragement Program, Inc., un centro de educación de la familia en Kensington, Maryland. Ha ayudado a criar a siete niños, tres de los cuales son adoptados. Dicta muchas conferencias y ha sido invitada a hablar en la radio.

Teri Johnson se desempeña como ministra de la Iglesia Metodista Unida en la congregación de Dakota del Sur, donde cooficia en la First United Methodist Church of Brookings. A Teri le fascina predicar, escribir y enseñar, y siempre está buscando pistas para manejar mejor a su "familia eclesiástica" de mil cien miembros y a su familia inmediata de siete personas. Ella y su esposo, Marty, tienen cinco hijos: Taylor, Alyssa, Alec, Emily y Elliot. 625 5th St., Brookings, SD 57006. Tel.: 605-692-4345.

Carol Kline es instructora para el desarrollo de las habilidades parentales. Dicta un curso titulado "Reorientando el comportamiento de los niños" y se desempeña como facilitadora de autoestima con niños y adultos. Escribe artículos para los diarios locales y le agrada ayudar a otras personas a redactar sus cuentos. P.O. Box 1262, Fairfield, IA 52556.

Chris Carter Koski creció en Weatherford, Texas. Obtuvo

su título de la División Asiática de la Universidad de Maryland en Misawa, Japón, donde vivió con su esposo durante tres años. Hoy residen en Nuevo México, donde ella continúa escribiendo poemas y cuentos. Se considera una exploradora de la vida, que aguarda con ansia cada nueva aventura y todas las preguntas enigmáticas que surgen por el camino. Tel.: 505-356-6967.

Liah Kraft-Kristaine es filósofa y ha dedicado su vida al tema del potencial humano. Fue abogada y locutora de CNN, y ahora dicta conferencias a nivel mundial sobre la autoestima, el manejo del estrés y el crecimiento del alma. Autora de seis libros, que incluyen *A Course in Becoming* y uno de los más vendidos, *30 Days to Happiness*, ha aparecido en varios programas de televisión y de radio, entre ellos el de *Oprah*. Conduce un programa especial, "The Myths of Happiness", en la cadena PBS de televisión. P.O. Box 1505043, Nashville, TN 37215. Tel.: 800-427-7982.

Lois Krueger es madre de tiempo completo y amiga de tres niños. Dedica también una parte de su tiempo al diseño de arreglos florales y ayuda en el cuidado y apoyo de familias como voluntaria en un hospicio. Contempla la posibilidad de obtener un título en enfermería. Lois reside con su esposo, George, en Franklin Park, Illinois.

Alison Lambert es miembro de la promoción del año 2000 en la Universidad de Pennsylvania en Filadelfia. Es una técnica médica para emergencias del cuerpo de bomberos voluntarios de Newton Square, Pennsylvania. Ali es también salvavidas en Long Beach Township, New Jersey.

Page Lambert ha escrito un libro seleccionado para el premio Pulitzer, In *Search of Kinship: Modern Pioneering on the*

Western Landscape (Fulcrum Publishing). El libro, del cual el relato aquí publicado es un fragmento, trata acerca de la vida de Page con Hondo y otros animales en su pequeña granja de Wyoming. Su próximo libro, *Shifting Stars*, una novela del Oeste que se desarrolla en Wyoming en la década de 1850, será publicado por Forge Books en el verano de 1997. Page está disponible para dirigir talleres y conferencias. P.O. Box 5, Sundance, WY 82729. Tel.: 307-283-2530.

Jeanne Marie Laskas escribe una columna semanal, "Uncommon Sense", en la revista del *Washington Post*. Es autora de *The Balloon Lady* and *Other People I Know*, una colección de ensayos. Su trabajo ha sido publicado en decenas de revistas nacionales, incluyendo *GQ, Life, Allure, Health, Redbook, Glamour* y *Reader' s Digest*. 1701 Benedum Trees Building, Pittsburgh, PA 15222. E-mail: jmlaskas@aol.com.

Suzanne Thomas Lawlor ha escrito centenares de artículos para revistas y se desempeñó como editor de Cameron y Company, editores de la serie *Above San Francisco*. Ha enseñado meditación trascendental a más de quinientas personas en los últimos veinticuatro años, y vive con su esposo, Tony, célebre arquitecto y escritor, en Fairfield, Iowa. Entusiasta jardinera, tiene un negocio de flores secas que se especializa en coronas. Tel.: 515-472-3159.

Bobbie Jensen Lippman es una prolífica autora sobre temas de interés general cuyos trabajos han sido publicados a nivel nacional e internacional. Es conductora de un programa de radio titulado "Bobbie´s Beat on the Air", que se transmite localmente y en el Oeste. Bobbie trabaja con ciegos y es muy activa en las labores de hospicio. 13650 South

Coast Hwy., South Beach, OR 97366. Tel.: 541-867-3805.

Diane Loomans es presidenta de Global Learning, organización dedicada a aumentar la autoestima en niños y adultos de todas las edades. Como conferencista profesional reconocida a nivel nacional, capacitadora y asesora, ofrece seminarios, conferencias y cursos universitarios sobre autoestima, humor y juego, creatividad y maximización del potencial humano. P.O. Box 1203, Solana Beach, CA 92075.

Patricia Lorenz es autora inspiracional y humorista, autora de libros, artículos y columnas periodísticas. Sus dos primeros libros, Stuff That Matters for Single Mothers y A Hug a Day for Single Parents (365 devociones diarias) fueron publicados por Servant Publications en Ann Arbor, Michigan. Más de cuatrocientos artículos suyos han aparecido en setenta publicaciones, incluyendo Reader´s Digest, Guideposts, Working Mother y Single Parent Family. 7457 S. Pennsylvania Ave., Oak Creek, WI 53514.

Mary Miller es gerente de comercialización en comunicaciones en una de las 500 compañías de la revista *Fortune* y madre de seis hijos. Escribe para las publicaciones locales y con frecuencia dicta conferencias a grupos de negocios.

Sheryl Nicholson ha sido una conferencista profesional internacional durante catorce años. En los diversos temas que trabaja (liderazgo, ventas, equilibrio de las elecciones realizadas en la vida), Sheryl siempre da sabor a sus talleres con ejemplos tomados de la vida real, como el que aparece en este libro. Ha producido varios libros, grabaciones y cursos de computación para diferentes compañías sobre la comunicación autoafirmativa. 1404 Corner

Oaks Drive, Brandon, FL 33510. Tel.: 800-245-3735.

Debra Halperin Poneman, presidenta de YES! to Success Seminars, es una famosa conferencista sobre el tema del éxito y cómo lograrlo. Su estilo cálido pero profesional mezcla aspectos prácticos con una visión espiritual profunda e inspiradora, haciendo de ella una invitada habitual en programas de televisión y de radio, y una conferencista solicitada por empresas y organizaciones de todo el país. Ha dirigido seminarios en las principales ciudades de los Estados Unidos y en varios países extranjeros. 1520 Forest Ave., Evanston, IL 60201. Tel.: 847-491-1823.

Carol Price se ha desempeñado como conferencista y motivadora en Australia, Europa y los Estados Unidos. Ha generado risas, lágrimas y energía durante más de veinte años. Sus especialidades incluyen la salud, el manejo del estrés, la verdadera autoestima, el manejo de personas difíciles, la autoafirmación y la valoración de la vida. Ha grabado varias cintas sobre estos temas. P.O. Box 8731, Madeira Beach, FL 33738. Tel.: 813-397-9111; fax 813-397-3661.

Maureen Read nació en Inglaterra en 1924. Su carrera incluye cuatro años y medio de trabajo en la BBC y un año en Budapest, Hungría, para la Administración de Alivio y Rehabilitación de las Naciones Unidas. Allí conoció a su actual esposo, quien se encontraba en el ejército norteamericano, y se trasladó a los Estados Unidos. Enviudó casi inmediatamente, para casarse de nuevo años después. Con su segundo esposo, de 42 años, han criado tres hijas, ¡una de las cuales fue coautora de este libro! Es una entusiasta jugadora de tenis y, a los 72 años, continúa jugando en la USTA y otros torneos para gente mayor. Reside en

Baton Rouge, Louisiana.

Elaine Reese es escritora y vive en Spring Green, Wisconsin. La mayor parte de sus artículos evocan la vida de familia, las vacaciones, el campo y las esenciales minucias cotidianas. Tel.: 608-588-2284.

Lynn Robertson vive en uno de los suburbios al noroeste de Chicago con su esposo y sus dos hijos. Es copropietaria de un negocio de diseño industrial y de contrataciones con su marido, Doug, y se dedica al diseño de interiores.

Jennifer Rosenfeld está escribiendo actualmente *Building Your Yellow Brick Road: Real Women Create Extraordinary Career Paths*. Le encantaría recibir más perfiles profesionales inspiradores. Tel.: 212-794-6050.

Gina Barrett Schlesinger es presidenta de Speaker Services, Inc., una agencia de conferencistas profesionales ubicada en Springfield, un suburbio de Filadelfia, Pennsylvania. Gina es una persona dinámica que dicta conferencias y seminarios sobre las habilidades expositivas y el manejo del tiempo para el liderazgo. Speaker Services Inc., 491 Baltimore Pike, Springfield, PA 19064. Tel.: 610-544-8899.

Ann Winterton Seely confecciona acolchados en forma profesional y es famosa por su trabajo en todo el país. Ella y su hermana, Joyce Stewart, dirigen talleres de confección de acolchados y han escrito dos libros en colaboración. 4890 S. 1575 W., Taylorsville, UT 84123. Tel.: 801-262-1553. E-mail: aaws@aol.com.

Pat Bonney Sheperd tiene dos hijos. Es coautora del libro *Know Your Dreams, Know Yourself* y, recientemente, ha abierto un almacén de suministros para oficinas y servicios de imprenta, The Write Stuff, en un próspero pueblo del este de Texas. P.O. Box 1173, Pittsburg, TX 75686. Tel.: 903-856-6924. E-mail: TheWriteStuf@earthlink.net.

Louise Shimoff ha estado felizmente casada con su esposo, Marcus, durante 53 años; es madre de tres hijos y abuela de cuatro. Disfruta el golf, su trabajo como voluntaria y los viajes. A lo largo de su vida ha sido una ávida lectora y ha transmitido su amor por la lengua a sus hijos, una de las cuales, Marci, es coautora del presente volumen. Louise ha ayudado a su hija en la preparación de este libro.

Andrea (Andy) Skidmore vive en Cleveland, Tennessee. Tiene 28 años, es esposa y madre de dos hijos. Ha trabajado para el Cleveland City School System durante trece años; actualmente se desempeña como secretaria del director de Cleveland High School. Ha hablado en su iglesia en varias oportunidades en el Día de las Damas y escribe acerca de lo que más quiere en el mundo, su familia.

Charles Slack ha sido reportero de negocios y articulista del *Times Dispatch* de Richmond, Virginia, desde 1986. Ha escrito artículos para *Reader's Digest, Men's Journal* y *Historic Preservation*. Graduado en 1983 en la Universidad de Harvard, vive en Richmond con su esposa, Barbara, y su hija Natalie.

Grazina Smith comenzó su carrera de escritora después de criar siete hijos. Ha leído sus obras en presentaciones patrocinadas por la Universidad de Chicago, la Biblioteca Pública de Chicago y la Asociación de Escritoras Feministas. Sus trabajos aparecen en *Prairie Hearts: Women' s Writings on the Midwest*, Outrider Press, 1004 East Steger Road, Crete, IL 60417.

Doni Tamblyn ha compuesto música y comedias para el teatro y los medios desde 1980. Viaja mucho como capacitadora y conferencista motivacional. Como presidenta de HumorWorks, enseña a profesionales a utilizar productivamente, de manera apropiada y sin temores su natural sentido del humor. Se especializa en capacitación creativa para la creatividad. 3910 Fulton St., Ste. 8, San Francisco, CA 94118. Tel.: 415-267-3034.

Lynn Towse nunca había escrito antes. Haría cualquier cosa por aliviar la pena de sus hermanas, Judy y Mary. Son una familia muy unida, y la idea de aparecer en Sopa de Pollo para el Alma de la Mujer las entusiasmó a todas.

Mary L. Towse es la directora de diversificación corporativa de Hallmark Cards, donde ha trabajado los últimos 24 años. Tiene un título en literatura inglesa de la Universidad de Missouri, en Kansas City, y actualmente está terminando su licenciatura en gerencia organizacional en St. Mary College, Johnson County, Kansas. P.O. Box 1309, Bonner Springs, KS 66012.

Phyllis Volkens, nacida en Iowa, tenía un talento especial para volcar las experiencias emocionales de su vida en la página impresa. Cuando se le preguntaba acerca de qué escribía, solía responder: "Escribo acerca de la gente y de lo que la hace reír y llorar". Sus trabajos fueron publicados en varios diarios y revistas, incluyendo Reader´s Digest.

Phyllis falleció el 3 de mayo de 1996. Muchos la echarán de menos.

Laurie Waldron vive en Arvada, Colorado, y trabaja como asistente de un ejecutivo. Éste es el primer relato que publica. Es una madre sola muy ocupada, que disfruta su tiempo libre con su hijo de tres años. También le agrada leer, patinar, andar en bicicleta y acampar.

Marjorie Wallé es escritora, facilitadora de seminarios y consultora. Dirige el Illinois Statewide Radon Program. Bajo su dirección, este programa ha sido reconocido por sus logros en materia de conciencia pública, recibiendo los premios a la excelencia y al trabajo en equipo otorgados por la Agencia de Protección del Medio Ambiente de los Estados Unidos. Tel.: 217-786-6398.

Sue West es editora, docente, escritora e instructora de meditación. Ha vivido en cuatro continentes y se siente en casa en todas partes. 5540 Fremont St., Oakland, CA 94608.

Kay Cordell Whitaker es autora de *The Reluctant Shaman* y *Sacred Link*, internacionalmente reconocida como narradora y conferencista. En 1974 comenzó un aprendizaje con dos chamanes indígenas de los Andes centrales orientales, Chea y Domano Hetaka. Su trabajo incluye talleres para empresas y universidades y talleres privados, dirigidos a la libertad interior, la sanación y el equilibrio. 4970 Nectar Way, Eugene, OR 97405. Tel.: 541-686-6781; fax 541-683-6136. E-mail: khww@efn.org.

Donna Wick, fundadora de The Center for Positive Change, de Houston, dirige actualmente una serie de seminarios a nivel nacional, "Let Your Light Shine!" Tiene

extensos conocimientos sobre desarrollo personal, capacitación en autoestima, motivación e inspiración. Donna
cree que ningún integrante de la raza humana fue creado
arbitrariamente y que todos tenemos un sentido y un
propósito en nuestra vida. 25231 Grograns Mill Road,
Suite 195, The Woodlands, TX 77380. Tel.: 713-364-9824; fax:
713-298-7796.

Sasha Williams es estudiante universitaria, esposa y
madre de dos niñas. El ensayo que aquí presentamos fue
escrito para un curso de composición. El tema: "Algo que
haya tenido un gran impacto en tu vida".

Susan B. Wilson es una conferencista muy reconocida,
cuyos talleres de capacitación, conferencias y libros han
inspirado a muchas personas a introducir cambios per-
durables en su vida. Su firma se especializa en liderazgo,
desarrollo de equipos y mejoramiento del éxito personal.
Sus libros incluyen *Goal Setting* y *Your Intelligent Heart.*
Executive Strategies, 1105 W. 12th St. S., Newton, IA 50208.
Tel.: 515-791-7904; fax: 515-792-1956

www.chickensoup.com